Domhan Úrnua

Díolaim idirnáisiúnta de scríbhinní
agus ráitis ó luath-ainrialaithe nótáilte

An chéad chló © 2024 Gabriel Rosenstock

ISBN: 978-1-7395610-8-6

Ealaín an chlúdaigh: Racún Ainrialaitheach (Ealaín Sráide, Creative Commons)

Dearadh: Daire Ó Beaglaoich, Graftrónaic

Íomhánna: Artvee agus is san Fhearann Poiblí atá an chuid is mó den ealaín sa chnuasach seo.

DOMHAN ÚRNUA

Díolaim idirnáisiúnta de scríbhinní
agus ráitis ó luath-ainrialaithe nótáilte

Gabriel Rosenstock

Clár

Ceartúchán!   viii

Séanadh   xii

Frithchóipcheart   xii

Réamhrá   xiii

Edward Abbey 1927–1989   1

David A. Andrade 1859–1928   1

Émile Armand 1872–1963   2

Kate Austin 1864–1902   3

Max Baginski 1864–1943   5

Mikhail Bakunin 1814–1876   6

Giovanni Baldelli 1914–1986   6

Naomh Basil Chaesairia 329–379   7

Nikolai Berdyaev 1874–1948   7

Alexander Berkman 1870–1936   8

Murray Bookchin 1921–2006   8

Jorge Luis Borges 1899–1986   8

Randolph Bourne 1886–1918   9

André Breton 1896–1966   9

William S. Burroughs 1914–1997   9

Max Cafard 1928–   11

Comité Invisible   11

Cornelius Castoriadis 1922–1977   11

Charlie Chaplin 1889–1977   12

Voltairine de Cleyre 1886–1912   12

Abiezer Coppe 1619–1672   12

Crimethlnc 1990í–   12

Viroqua Daniels 1859–1942   14

Dorothy Day 1897–1980   15

Benjamin De Casseres 1873–1945   15

Nannie Florence Dryhurst 1856–1930   16

Buenaventura Durruti 1896–1936   16

Naomh Eoin Chrysostom 347–407   17

Kurt Eisner 1867–1919   19

Paul Eltzbacher 1869–1928   19

Jacques Ellul 1912–1994   19

Francisco Ferrer 1859–1909   21

Adolph Fischer 1858–1887   21

Elizabeth Gurley Flynn 1890–1964   22

Mahatma Gandhi 1869–1948   24

Luigi Galleani 1861–1931   24

William Godwin 1756–1836   25

Emma Goldman 1869–1940   25

Paul Goodman 1911–1972   25

Daniel Guérin 1904–1988   25

Hippolyte Havel 1871–1950   27

Ammon Hennacy 1893–1970   27

Abbie Hoffman 1936–1989   27

Elbert Hubbard 1856–1915   27

Bao Jingyan c. 300 AD   29

Mother Jones 1837–1930   29

Theodore Kaczynski 1942–2023   31

Helen Keller 1880-1968   31

Shusui Kotoku 1871-1911   32

Pyotr Alexeyevich Kropotkin 1842-1921   33

Laurance Labadie 1898-1975   35

Gustav Landauer 1870-1919   35

Albert Libertad 1875-1908   35

Federico García Lorca 1898-1936   35

Dyer Lum 1839-1893   35

John Henry Mackay 1864-1933   37

Ricardo Flores Magó 1874-1922   37

Nestor Makhno 1888-1934   37

Errico Malatesta 1853-1932   37

Isabella Fyvie Mayo 1843-191   38

Sam Mbah 1963-2014   38

Terence McKenna 1946-2000   38

Albert Meltzer 1920-1996   38

Louise Michel 1830-1905   39

John Moore 1957-2002   39

Federica Montseny 1905-199   40

Johann Most 1846-1906   40

Erich Mühsam 1878-1934   40

Max Nettlau 1865-1944   42

An tUrr. Martin Niemöller 1892-1984   42

Renzo Novatore 1890-1922   42

William C. Owen 1854-1929   44

Albert Parsons 1848-1887   46

Lucy Parsons 1851-1942   46

Fredy Perlman 1934–1985   46

Pierre-Joseph Proudhon 1809–1865   47

Herbert Read 1893–1968   49

Élisée Reclus 1830–1905   49

Lola Ridge 1873–1941   49

Rudolf Rocker 1873–1958   50

Donald Rooum 1928–2019   50

Pete Seeger 1919–2014   52

Butler Shaffer 1935–2019   52

Paul Signac 1863–1935   52

Bhagat Singh 1907–1931   53

Lysander Spooner 1808–1887   53

Max Stirne 1806–1856   53

Thašúnke Witkó (Crazy Horse) 1840–1887   55

J. R. R. Tolkien 1892–1973   55

Leo Tolstoy 1828–1910   55

Henry David Thoreau 1817–1862   55

Benjamin Tucker 1854–1939   55

Peter Lamborn Wilson 1945–2022   57

Robert Anton Wilson 1932–2007   57

Buntús Ainrialachais   58

Iarfhocal   63

Foclóir   79

Bratach Dhubh   87

Ábhar Gaolmhar (Leabhair Dhátheangacha)   89

Ceartúchán!

© Rialtas na hÉireann. Feictear an comhartha cóipchirt agus na focail bhagracha thuas, ní sa leabhar seo (!) ach sa leabhar *An Foclóir Beag* (1991). Féachaimis anois ar roinnt focal san fhoclóir sin.

Ainrialaí: duine gan riail gan smacht, gan meas ar ord

Tá an sainmhíniú sin 100% mícheart. Bunaithe ar mhíthuiscint nó ar aineolas atá sé, nó ar chlaonbhreith.

Ní duine gan riail gan smacht é an t-ainrialaí. I bhfad uaidh. Ní fhéadfá go deo duine gan riail gan smacht a thabhairt ar Kropotkin, Proudhon, Bakunin, Zinn, Chomsky agus fathaigh mhóra eile an Ainrialachais. A mhalairt ghlan.

Ní gan meas ar ord a bhí na hainrialaithe a bhfuil a bhfealsúnacht inspioráideach agus a ndearcadh spreagúil breactha síos go hachomhair sa leabhar seo againn. Bhí ord uathu – bí cinnte de – ach níorbh é an gnáthord ón mbarr anuas é. Ord ón mbun aníos an t-ord séimh sibhialta a shamhlaíodar.

Claonbhreith: *prejudice*

Glacaimis leis mar sin gur ag smaoineamh ar an bhfocal Béarla *anarchy* (anord) a bhí na foclóirithe seachas ar an bhfocal *Anarchism* (Ainrialachas) sa chás seo.

Baineann deacrachtaí le go leor focal eile san fhoclóir thuasluaite (dar leis an Ainrialaí ar aon nós) mar gur bunaithe ar thuiscintí na meánaicme atá siad agus an Piúratánachas Victeoiriach le brath ar go leor de na hiontrálacha ann:

Morálta: a bhaineann le carachtar agus le dea-iompar

Bheadh an canablach mímhorálta mar sin, an mbeadh? Bhí an Doctoresse Pelletier den tuairim (san *Encyclopédie Anarchiste,* 1934) nach raibh ann ach 'Cur amú ama agus fuinnimh bonn na moráltachta a lorg. Níl aon bhonn fúithi.' Agus thuairimigh sí chomh maith, 'Nach bhfuil d'fheidhm bhunúsach ag an moráltacht ach maoin a chosaint.'

Nuair a thuigtear cad atá á rá ag Pelletier ansin, ní mór dúinn critíc a dhéanamh ar gach a bhfuil foghlamtha, nó pioctha suas againn, i dtaobh na sochaí agus na sibhialtachta atá cruthaithe againn; tuigimis nach greanta ar chloch atá na rialacha agus na haithní go léir atá ár dtreorú.

An raibh diagairí cáilithe mar chomhairleoirí ag foilsitheoirí *An Foclóir Beag*? (Bhí cúpla pápa beag sa Ghúm le linn domsa a bheith ann):

Dia: an té a chruthaigh an domhan agus an saol

An dtuigeann gach éinne an difríocht atá idir an dá fhocal sin 'domhan' agus 'saol'? Is cuma faoi sin go fóill. Leanaimis orainn. Is le Rialtas na hÉireann cóipcheart *An Foclóir Beag,* mar atá ráite againn, mar sin is dócha go nglacann an rialtas (agus a chuid feidhmeannach is státseirbhíseach go léir) leis an ráiteas úd gur chruthaigh Dia an domhan.

Deir Gustave Brouchert, áfach, san *Encyclopédie Anarchiste):*

> 'An chéad argóint a bhíonn ag Críostaí ar bith le haindiachaí ná argóint Fénelon agus Bossuet agus a bhíonn á scaipeadh ad nauseum: tá gá le déantóir clog chun uaireadóir a dhéanamh, le péintéir chun pictiúr a dhéanamh; caithfidh údar a bheith ag an uile ní, agus tugaimse Dia ar an údar sin, mar sin is ann do Dhia.
>
> Ní fiú boilgeog ghallúnaí í an argóint sin. Má bhí gá le cruthaitheoir chun an domhan a chruthú, cé a chruthaigh an cruthaitheoir sin, agus cé a chruthaigh cruthaitheoir an chruthaitheora sin, agus mar sin de ad infinitum.'

Déarfadh Ainrialaí, 'Ar íocadh foireann an fhoclóra chun boilgeoga gallúnaí a shéideadh?'

Luíonn sé le réasún má bhí a dtuarastal á íoc ag an stát go mbeadh ardmheas ag foireann *An Foclóir Beag* ar lucht an stáit agus ar cheannairí na tíre:

Státaire: Duine atá gafa le cúrsaí rialtais, go háirithe duine a chruthaíonn é féin tuisceanach oilte

Aindiachaí: *atheist*

Boilgeog: *bubble*

An ag magadh fúinn atá siad? (Na foclóirithe, sea, agus go deimhin na polaiteoirí, leis! Freagra ar chúl stampa poist le do thoil)).

Bheadh tuairim eile ar fad faoinár gceannairí (san *Encyclopédie Anarchiste)* ag Aristide Lapeyre:

Lapeyre

'Gach ceannaire polaitiúil, nach mór, dár dtréimhse féin, níl ann ach clabaire cruthanta agus bligeard amach is amach.'

Ní bhaineadh Hippolyte Havel leas as an bhfocal 'státaire.' Mar a dúirt sé féin, 'Thugamar polaiteoirí orthu seachas státairí, mar níor chreideamar a thuilleadh sa Stát.'

Clabaire cruthanta: *incorrigible blabbermouth*

Cad deir *An Foclóir Beag* faoin náisiún?

Náisiún: na daoine go léir a chónaíonn in aon tír nó faoi aon rialtas le chéile; lucht aon chine

D'fhéadfaí lochtanna go leor a fháil air sin chomh maith. Cuir i gcás: 'lucht aon chine': Síneach atá ina chónaí in Éirinn, nach mbaineann sise leis an náisiún seo? B'fhéidir gur theastaigh ó na foclóirithe a rá gur brí thánaisteach an fhocail é sin, ach an leor leathstad chun brí thánaisteach a chur in iúl? Nárbh fhearr an dá shainmhíniú éagsúla a uimhriú chun idirdhealú a dhéanamh eatarthu?

Ná bí i do shaoithín, a déarfaidh daoine áirithe, ach dáiríre nílim ach ag iarraidh a bheith cruinn, chomh fada agus is féidir.

'Faoi aon rialtas le chéile . . .' Tá fadhb agam leis an bhfrása sin chomh maith. Cuireann sé síscéal éigin i gcuimhne dom: 'Agus chónaigh na daoine go sona sásta faoi aon rialtas le chéile . . .'

Fostaithe ag an rialtas a bhí foclóirithe *An Foclóir Beag*. Scríobh Elie Soubeyran alt sa chiclipéid thuasluaite faoin 'náisiún': ní ag iarraidh rialtas ar bith a shásamh a bhí seisean! (Vide *Buntús Ainrialachais* i ndeireadh na díolama seo).

Ní róthógtha atáim leis an sainmhíniú a thugann *An Foclóir Beag* dúinn ar an gcéad fhocal eile ach oiread:

Caipitleachas: córas faoina bhfuil seilbh ag daoine agus ag comhlachtaí aonair – agus ní ag an stát – ar mhaoin na tíre

Cuir sin i gcomparáid le sainmhíniú níos cruinne, dar liom, a thugann Kim Kelly air:

'Sainmhínítear caipitleachas mar chóras eacnamaíoch ina mbíonn trádáil, tionsclaíocht, agus brabúis á rialú ag comhlachtaí príobháideacha, seachas ag na daoine arb iad a gcuid ama agus a gcuid oibre a sholáthraíonn an chumhacht do na comhlachtaí sin.'

Thuigfeá ón bh*Foclóir Beag* go raibh daoine ag déanamh go maith faoin gcaipitleachas; ní hin is dóigh le Kim, áfach. Cad is dóigh leatsa?

Is iontach an méid focal *nach* bhfuil san *Fhoclóir Beag*. Tá 'budragár' acu ach níl 'bod' – agus ná bí ag lorg an Bhúda ann!

Samlaigh gur neach ó Mhars a bhí ionat agus tú i d'fhoghlaimeoir Gaeilge. Piteog? 'Fear baineann', dar leis an bh*Foclóir Beag*. Tá go maith. Agus 'baineann?' Freagra: 'den ghnéas a shaolaíonn rudaí óga.' Confúsáilte?

Tiomnaím an díolaim seo do Wolfi, pé hé féin.

Séanadh

Seasann an díolamóir seo leis na ráitis agus na tuairimí atá ag Wolfi Landstreicher i ndeireadh an leabhair seo agus leis na tuairimí sin amháin. Ní sheasann sé le gach a bhfuil ráite agus déanta ag Wolfi, áfach.

Seasann an díolamóir le cuid mhaith dá bhfuil sna sleachta as *Ciclipéid an Anrialachais*, saothar Fraincise, atá mar aguisín leis an díolaim seo. Ní hionann sin is a rá go seasann sé le gach a ndúirt ná le gach a ndearna scríbhneoirí na ciclipéide sin (breis is 100 díobh) ná le gach a ndúirt is gach a ndearna eagarthóir na ciclipéide céanna.

Díolamóir: *anthologist*

Frithchóipcheart

Tá lánchead ag daoine úsáid chruthaitheach a bhaint as a bhfuil sa díolaim seo, i.e. póstaeir, graifítí, taifeadadh, greamacháin, léiriú stáitse, t-léinte etc. a dhéanamh. Ní gá cead a lorg chun aon chuid de na téacsanna sa díolaim seo – nó iad go léir – a

athfhoilsiú nó a chraoladh, i bhformáid ar bith, na sleachta as saothar Wolfi san áireamh.

Réamhrá

An té a bhfuil dhá chóta aige, tugadh sé cóta don té atá ina uireasa, agus an té a bhfuil rud le hithe aige, déanadh sé a leithéid chéanna.

Lúcas, 3.10

An dearcadh atá ag an Ainrialaí ná go bhfuil sochaí gan stát gan rialtas indéanta, agus inmhianaithe chomh maith.

The Shorter Routledge Encyclopedia of Philosophy *(2005)*

Is bréag é gach rud a insíonn an Stát dúinn, agus níl faic aige nach bhfuil goidte aige.

Friedrich Nietzsche

Is Ainrialaí é an gnáthdhuine. Is mian leis a rogha rud a dhéanamh. B'fhéidir gur mhaith leis go rialófaí a chomharsa, ach ní mian leis go rialófaí é féin.

George Bernard Shaw

Sochaí a bheadh bunaithe ar chomhar na gcomharsan agus ar an gcomhoibriú deonach a theastaíonn ó Ainrialaithe. Táimid in aghaidh gach leatroim i dtéarmaí eacnamaíocha agus rialtais de.

Ráiteas misin an nuachtáin *Freedom* a bunaíodh sa bhliain 1886

Is Ainrialaí spioradálta é an scríbhneoir, agus gach éinne eile, leis, i nduibheagán a anama.

William Saroyan

Is cuma le Mamón, dia an óir,
Cén teampall, cén croí ina leagann sé a stór.
Milleann sé cách le saint is le tnúth
Chun dearmad a dhéanamh ar Rí na nDúl.

Raiftearaí

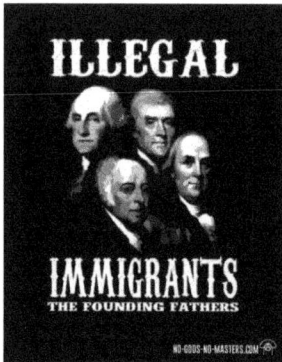

Daoine is ea Ainrialaithe a chruthaíonn fealsúnacht shóisialta agus pholaitiúil as an gclaonadh nádúrtha agus spontáineach atá ag daoine chun teacht le chéile ar mhaithe lena chéile. Go deimhin, is é is Ainrialachas ann ná an t-ainm a tugadh don smaoineamh sin go bhfuil sé indéanta agus inmhianaithe go n-eagródh an tsochaí í féin gan rialtas. Ón nGréigis a thagann an focal (*Anarchism*), focal a chiallaíonn 'gan údarás' agus ó aimsir na nGréagach anall bhí daoine a mhol an tAinrialachas faoi ainm amháin nó ainm eile. An chéad duine sa ré nua-aimseartha chun teoiric chórasach an Ainrialachais a chruthú ná William Godwin, go gairid i ndiaidh Réabhlóid na Fraince. D'fhorbair Francach, Proudhon, i lár an naoú haois déag teoiric Ainrialaitheach maidir le heagrú na sochaí ina haonaid bheaga a bheadh cónascthta lena chéile ach gan aon chumhacht lárnach ann. Ina dhiaidh sin tháinig réabhlóidí Rúiseach, Mikhaill Bakunin, aimsir Karl Marx agus cogadh na mbó maol eatarthu. Bhain Marx le heite amháin de ghluaiseacht an tsóisialachais, é ag díriú ar chumhacht an stáit agus bhain Bakunin leis an eite eile a bhí ag iarraidh cumhacht an stáit a scriosadh. Bhí Rúiseach eile ann, Piotr Kropotkin, a bhí ag iarraidh bonn eolaíoch a chur faoi nóisean sin an Ainrialachais a deir go bhfuil comhar na gcomharsan – comhoibriú deonach –

mar chlaonadh ionainn go léir agus é chomh láidir céanna i saol an duine is atá an ionsaitheacht agus an fonn ceannasaíochta.

Colin Ward

Ina uireasa: *in want of* Inmhianaithe: *desirable*

Teoiric chórasach: *systematic theory*

Eite: *wing*

Ionsaitheacht: *aggression*

Mhúin an Mahatma dúinn go bhfuil an fhíorchumhacht istigh ionainn agus go gcaithfidh an tsaoirse a bheith inár n-anam ar dtús le go mbeimis dochloíte.

Albizu Campos

Níl gá ag daoine fásta le ceannairí.

Edward Abbey 1927–1989

Rugadh an Búda san India, i dteaghlach ríoga (dar leis an seanchas). Cailleadh a mháthair go gairid i ndiaidh dó teacht ar an saol, agus chaith sé a óige i mbun machnaimh, ag smaoineamh ar an mbeatha is ar an mbás.

Théadh sé ag siúl sna foraoisí go rialta, ainnise an tsaoil ag cur as dó, agus ag iarraidh a dhéanamh amach conas a thiocfadh sé i gcabhair ar an gcine daonna.

Mhol sé do dhaoine saol morálta a chaitheamh, agus spreag sé a lucht éisteachta chun dea-ghníomhartha a dhéanamh. Deirtear gur duine an-tarraingteach ab ea é agus é lán de ghaois; bíodh sin mar atá, léiríonn a theagsc – breactha síos ag a chuid deisceabal (mar nár scríobh sé féin rud ar bith) – go raibh dea-smaointe mar inspioráid aige . . .

Ar seisean nuair a d'fhiafraigh Alvaka (an diabhal) de, 'Cén rud is blasta de na nithe blasta ar fad?', ar seisean, 'Is í an Fhírinne an rud is blasta de na nithe blasta ar fad.'

David A. Andrade 1859–1928

Luath-Ainrialaithe: *early Anarchists*

Machnamh: *meditation*

Ainnise: *misery*

Dea-ghníomhartha: *good deeds*

Tarraingteach: *attractive*

Gaois: *wisdom*

Deimhníonn na haicmí ceannais, trí idirghabhálaí an Stáit, gurb iad a ndearcadh siúd ar an gcultúr, ar an moráltacht agus ar chúinsí eacnamaíocha agus an dearcadh sin amháin a théann i bhfeidhm ar an ngnáthphobal. Cuireann siad a ndearcadh ar bun i bhfoirm dogmaí sibhialta nach féidir a shárú ar eagla pionós a fhulaingt, díreach faoi mar nárbh fhéidir cur i gcoinne dhogmaí creidimh fadó gan géarphionós a fhulaingt, le linn don Eaglais a bheith i réim. Tá an Stát – foirm thuata na hEaglaise – in áit na hEaglaise anois (a bhí mar fhoirm reiligiúnach den Stát) – ach bhí siad araon ag iarraidh creidmhigh, nó saoránaigh fhoirfe, a chruthú, seachas neacha a bhí saor. I bhfocail eile, iad ina sclábhaithe ag dogma nó dlí. Is é a deir an t-ainrialaí nach fiú cac an diabhail é an dlúthpháirtíocht sin a bhrúitear orainn; níl aon cheist cearta ná dualgais ann nuair a bhrúitear conradh ort; nuair a chuirtear iallach orainn, scaoiltear an ceangal atá againn leis an tsochaí mar a thugtar uirthi agus gan aithne againn ar fheidhmeannaigh na sochaí sin ach iad i riocht riarthóirí, reachtóirí, breithiúna agus póilíní.

Émile Armand 1872–1963

Aicme cheannais: *ruling class*

Idirghabhálaí: *intermediary*

Cúinse: *condition*

Tuata: *lay*

Ainrialaí: *anarchist*

Dlúthpháirtíocht: *solidarity*

Feidhmeannach: *executive*

Riarthóir: *administrator*

Reachtóir: *lawmaker*

Nuair a cuireadh ealaín na clódóireachta ar fáil, leath an t-eolas lena úsáid. D'fhéadfadh mac le seirfeach foghlaim conas léamh, agus an iníon féin ar uairibh. D'fhás spiorad na Saoirse, agus thosaigh fir ag caitheamh níos fearr le mná agus a rá go raibh sé mar dhualgas ar an bhfear an bhean a chosaint. (Ní dhéanfaidis é sin dá gceapfaidís go rabhadar ar comhchéim ó thaobh éirim aigne de). Thugadar 'bláth leochaileach uaigneach' ar an mbean, 'aingeal na beatha' etc. Bhí roinnt reibiliúnach i measc na mban – agus dar leo nach aon mhaise ar do shaol é go gcaithfí leat mar óinseach agus ainmneacha aingliúla a chuimilt mar bhalsam lena bhféinmheas maslaithe, agus is cothrom na Féinne a theastaigh uathu ansin, seachas cosaint.

Kate Austin 1864–1902

Seirfeach: *serf*

Éirim aigne: *intelligence*

Maise: *adornment*

Balsam: *balm*

B

Léirítear foilmhe agus cur i gcéill ár gceart polaitiúil nuair a smaoinítear má chuirtear iad ar fad le chéile, níl an ceart chun a bheith beo ina measc.

An ceart chun a bheith beo – is é sin, modh maireachtála a chinntiú, an tsochaí a eagrú ar bhealach a chinnteodh go mbeadh bonn ábharach le saol gach duine agus go mbeadh sé sin chomh bunúsach le hanálú – níl an tsochaí in ann é sin a thabhairt don duine i láthair na huaire.

Ionsaítear an ceart sin gach lá agus cuirtear ar ceal é, agus tá míle bealach ann chun é sin a dhéanamh, comhéigean, bochtaineacht, agus spleáchas. Nach cruálach an íoróin é go gcosnaítear córas dúnmharfach seo an rialtais agus a chuid dlíthe amaideacha ar an mbonn go bhfuil sé riachtanach ar mhaithe le cosaint a dhéanamh ar bheatha is ar mhaoin.

Max Baginski 1864–1943

Foilmhe: *emptiness*

Sochaí: *society*

Comhéigean: *coercion*

Maoin: *property*

Tá an sclábhaíocht in ann a cló agus a hainm a athrú – ach beidh an bonn céanna fúithi i gcónaí. Mínítear an bonn sin mar a leanas: is sclábhaí é an duine a gcuirtear iallach air obair a dhéanamh do dhuine eile; bheith i do mháistir is ea a bheith beo ar shaothar daoine eile.

Fadó, agus in áiteanna inniu san Áise agus san Afraic, thugtaí daor, go díreach, ar an daor. Sa Mheánaois, ghlacadar leis an ainm 'seirfigh', agus sa lá inniu tugtar 'saothraithe pá' orthu.

Tá gradam éigin ag baint leis na saothraithe pá agus ní oibríonn siad chomh dian leis na sclábhaithe; ina dhiaidh sin is uile, chun nach mbeadh ocras orthu agus chun géilleadh do na hinstitiúidí polaitíúla agus sóisialta, ní mór dóibh saothrú go han-dian ar mhaithe le díomhaointeas iomlán nó páirt-díomhaointeas daoine eile. Is daoir iad, dá réir sin.

Mikhail Bakunin 1814–1876

Sclábhaí: *slave*

Daor: *slave*

Saothraí pá: *wage-earner*

Páirt-díomhaointeas: *partial idleness*

Bakunin (Portráid le Felix Nadar)

Glaineacht an éirí amach atá san Ainrialachas. An mhuc a bhíonn ag streachailt go fiáin, a réabann an t-aer lena scréachaíl agus í gafa lena marú, agus an babaí a bhíonn ag ciceáil is ag béicíl, feitheamh fada fuar aige nuair is teas atá uaidh agus brollach a mháthar – dhá shampla is ea iad sin d'éirí amach nádúrtha. Spreagann éirí amach nádúrtha fíor-chomhbhá i gcónaí agus déantar comhshamhlú leis an neach atá ag éirí amach, nó cruann an croí agus tosaíonn meicníocht ionsaitheach-chosantach ag feidhmiú chun fírinne mhilleánach a chur ina tost. Go deimhin, cuspóir ann féin é gach neach beo; níl sé de cheart ag éinne uirlis ar mhaithe lena chuspóir féin a dhéanamh d'éinne.

Giovanni Baldelli 1914–1986

Streachailt: *struggling*

Comhbhá: *compassion*

Comhshamhlú: *identification*

Ionsaitheach-chosantach: *aggressive-defensive*

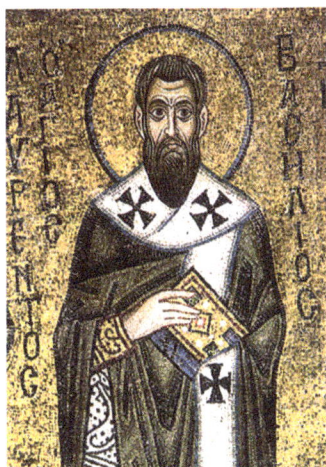

Múrmhaisiú (Bob Doyle) i mBaile Átha Cliath

Íocón de Naomh Basil in Ardeaglais
Chív, An Úcráin

Cac an diabhail atá san airgead.

Naomh Basil Chaesairia 329–379

Ní féidir a shéanadh gur neach sóisialta is ea an duine, ach is neach spioradálta é chomh maith. Is mar neach spioradálta amháin a aithníonn an duine an mhaith. Mar neach sóisialta, ní heol dó ach coincheapa faoin maith, coincheapa a dtagann athrú orthu. An tsocheolaíocht a shéanann gur neach spioradálta é an duine, neach a fhaigheann a chuid luachanna ón domhan spioradálta, ní eolaíocht í sin ach bréag-fhealsúnacht nó bréag-reiligiún fiú amháin.

Nikolai Berdyaev 1874–1948

Neach: *being*

Coincheap: *concept*

Socheolaíocht: *sociology*

7

Iad siúd a bhfuil cur amach acu ar stair choilíneach na Breataine Móire, tá a fhios acu gur chleacht Rialtas Shasana agus a chuid ionadaithe brúidiúlacht ghránna agus cos ar bolg chun an comhartha míshástachta is lú a chealú, in Éirinn, san India, san Éigipt, san Afraic Theas – áit ar bith a bhfuair saint na Breataine seans chun fairsingiú a dhéanamh. Sráidbhailte a chur trí thine, dúichí iomlána a mhilleadh, reibiliúnaigh gan áireamh a lámhachadh, sea go deimhin, agus daoine a rabhthas in amhras fúthu a chéasadh gan trua, gan taise, gan trócaire.

Alexander Berkman 1870-1936

Brúidiúlacht: *brutality*

Saint: *greed*

D'fhéadfadh éinne Ainrialaí a thabhairt air féin, is dócha, dá gceapfadh sé go bhféadfaí an tsochaí a bhainistiú gan stát a bheith ann in aon chor.

Murray Bookchin 1921-2006

Creidim nach fada uainn an lá a mbeimid saor ó rialtais.

Jorge Luis Borges 1899-1986

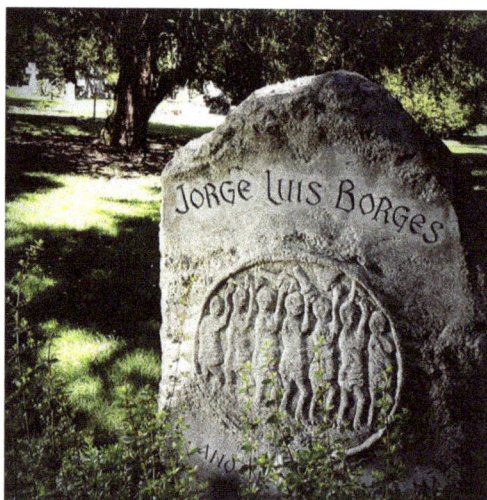

Is é atá sa Stát ná an tréad á eagrú chun gníomhú go hionsaitheach nó go cosantach in aghaidh tréad eile atá eagraithe ar an gcuma chéanna. Cuireann cogadh sruth cuspóra agus gníomhaíochta ag sileadh síos go dtí an leibhéal is ísle den tréad, agus na brainsí is faide amuigh. Ceanglaítear gníomhaíochtaí uile na sochaí le chéile chomh tapa agus is féidir chun an sprioc lárnach seo a chur i gcrích, ionsaí míleata nó cosaint mhíleata a dhéanamh.

Randolph Bourne 1886–1918

Tréad: *herd*

Cuspóir: *purpose*

Ba i scáthán dubh an Ainrialachais a d'aithin an t-osréalachas é féin an chéad uair.

André Breton 1896–1966

Níl slí ar bith fágtha le haghaidh 'saoirse ó thíoránacht an rialtais' mar go bhfuil lucht cathrach ag brath air le haghaidh bia, cumhacht, uisce, iompar, cosaint agus leas sóisialta. An ceart chun maireachtáil pé áit is mian leat, le do rogha cairde, faoi dhlíthe a n-aontaíonn tú leo, d'imigh sé sin amach an doras san ochtú haois déag.

William S. Burroughs 1914–1997

Tíoránacht: *tyranny*

Leas sóisialta: *social welfare*

Léiríonn na mórtheagascóirí go léir é: cleachtadh an Ainrialachais atá in Zen sa chiall is cruinne den fhocal. Cuireann Zen in aghaidh gach prionsabail – foinsí tarchéimnitheacha na fírinne agus na réaltachta, mar dhea, nach bhfuil iontu dáiríre ach smaointe daingnithe, nósanna na haigne agus claonta a chabhraíonn le seachmall a chruthú faoi réaltacht cheannasach.

Max Cafard 1928–

Tarchéimnitheach: *transcendent*

Réaltacht: *reality*

Seachmall: *illusion*

An aidhm atá ag éirí amach ar bith ná a bheith do-aisiompaithe. Beidh sé do-aisiompaithe nuair a bheidh an t-údarás – agus an gá le húdarás – cloíte againn.

Comité Invisible

Do-aisiompaithe: *irreversible*

Cloígh: *overcome*

Ba mhaith liom a fháil amach, i gcomhar le cách, cad atá ag titim amach sa tsochaí, a bheith in ann méid agus cáilíocht an eolais a fhaighim a rialú. Iarraimse go mbeadh ar mo chumas a bheith rannpháirteach go díreach in aon chinneadh sóisialta a mbeadh baint aige le mo shaol agus leis an saol i gcoitinne. Ní ghlacaimse leis go bhfuil mo chinniúint leagtha síos cheana féin, lá i ndiaidh lae, ag daoine ar naimhdeach liom a gcuid tionscadal, nó mé aineolach orthu, agus nach bhfuil ionainne, is é sin mise agus gach éinne eile, ach uimhreacha, díreach, i bplean ginearálta, nó inár gceithearnaigh ar chlár fichille.

Cornelius Castoriadis 1922–1977

Cinniúint: *fate*

Tionscadal: *project*

Ceithearnach: *pawn*

Is Ainrialaí mé. Is fuath liom rialtais agus rialacha agus laincisí. Nílim in ann ainmhithe i gcás a sheasamh. Caithfidh daoine a bheith saor.

Charlie Chaplin 1889-1977

Laincis: *fetter*

Is traidisiún Meiriceánach é gur bagairt sheasta ar shaoirse is ea arm seasta; le linn do Jefferson a bheith ina uachtarán laghdaíodh an t-arm go dtí 3,000 fear. Is traidisiún Meiriceánach gan cur isteach ar ghnó tíortha eile. Is é an nós Meiriceánach cur isteach ar gach éinne . . .

Voltairine de Cleyre 1886-1912

Arm seasta: *standing army*

Tá an t-am ag teacht, go deimhin, tá sé tagtha, agus ní bheidh de mhisneach agat á rá gur leat féin do chuid airgid agus do chuid óir. Is leis an Tiarna é.

Ní déarfaidh tú gur leat féin é ar eagla go n-éireodh an mheirg ann aníos chun breith a dhéanamh ort, agus do cholainn a dhó faoi mar ba thine a bhí inti.

Ní déarfaidh tú ach oiread gur leatsa an damh ná an t-asal. Is leis an Tiarna iad.

Abiezer Coppe 1619-1672

Meirg: *rust*

Smaoineamh réabhlóideach atá san Ainrialachas a deir nach bhfuil éinne níos cáilithe ná tú féin chun a dheimhniú conas do shaol a chaitheamh.

CrimethInc 1990í-

D

. . . .

Cuid de chóras oibre an rialtais is ea an bhallóid trína ndéantar ceannairí a thoghadh. Saoistí is ea ceannairí, máistrí is ea saoistí agus tíoránaigh is ea máistrí; is cuma cén córas faoina n-oibríonn siad, an sclábhaíocht airnéise nó ceann de na foirmeacha éagsúla a bhfuil bonn creidimh, polaitiúil nó tráchtála faoi.

Viroqua Daniels 1859–1942

Ballóid: *ballot*

Saoiste: *boss*

Sclábhaíocht airnéise: *chattel slavery*

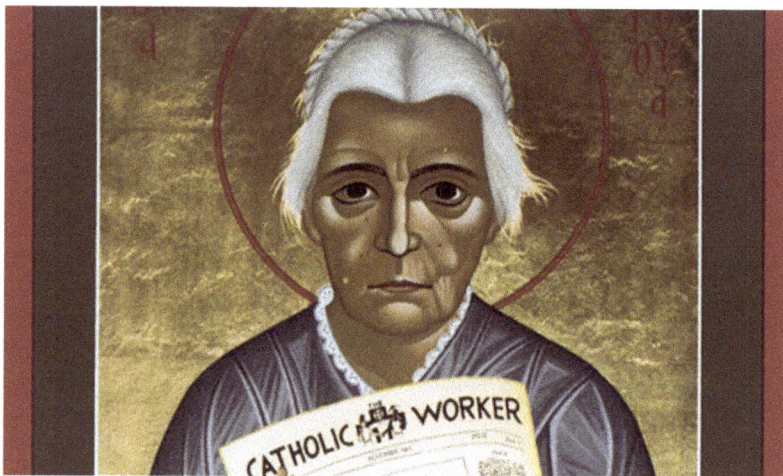

Dorothy Day (Íocón leis an mBr. Robert Lentz, OFM)

Is é an rud ba mhaith linne a dhéanamh ná an domhan a athrú – é a bheith beagán níos éasca ar dhaoine greim a chur ina mbéal, iad féin a ghléasadh agus díon a bheith os a gcionn faoi mar is mian le Dia go dtitfeadh sé amach dóibh . . . D'fhéadfaimis cloch bheag a chaitheamh sa linn agus a bheith dóchasach go síor-leathnódh na cuilithíní ar fud an domhain. Deirimid arís é, níl aon ní is féidir a dhéanamh ach grá a thabhairt dá chéile agus, a Dhé, tabhair croí na bó dúinn le do thoil, i dtreo is go dtabharfaimis grá

dá chéile, dár gcomharsa, agus grá a thabhairt dár namhaid agus
dár gcara araon.

Dorothy Day 1897–1980

Cuilithíní: *ripples*

Oilithreach mílítheach meanmnach mé a múnlaíodh
  as dusta is dorchadas.
Eabhar leáite an mhaidneachain i m'inchinn,
  dúil bhuartha ionatsa im' chroíse.
Cogar i dtaobh na n-uaireanta corcra a thiocfaidh,
  cogar faoin ngealshíoraíocht a d'imigh
Do mo mhealladhsa soir is siar is asam féinig.
Mo chreach! An ligfead mo scíth tamall
  ar an talamh méith, nó taisteal siar
Chun na heabhar-shíoraíochta? Seasaim, moillím,
I m'oilithreach mílitheach meanmnach
  a múnlaíodh as dusta is dorchadas.

Benjamin De Casseres 1873–1945

Oilithreach: *pilgrim*

Mílítheach: *pale*

Meanmnach: *spirited*

Múnlaigh: *mould*

Eabhar: *ivory*

Maidneachan: *dawn*

Nannie Florence
Dryhurst

Múrmhaisiú in Jodhpur

Dúradh liom gur theastaigh ó Kropotkin nuachtán míosúil a chur ar bun agus Freedom an teideal a bheadh air chun smaointe Cumannacha-Ainrialaitheacha a chraobhscaoileadh. Iarradh ormsa comhoibriú leis – ach conas? Go dtí sin ní raibh d'idéil agam ach Saoirse in Éirinn agus seacht gcéad bliain de streachailt faoi shúiste Gall.

'Díreach an rud atá uainn,' arsa Kropotkin. 'Ba chóir dúinn cur amach a bheith againne ar nithe atá ag titim amach ar imeall thiar na hEorpa.'

Nannie Florence Dryhurst 1856–1930

Is againne a bheidh an domhan. Níl amhras dá laghad ann ina thaobh sin. Lig don mheánaicme an domhan aici féin a phléascadh agus a dhó sula bhfágfaidh sí stáitse na staire. Ní scanraíonn fothraigh sinn. Sinne a dhein na féarthailte a threabhadh agus a thóg na cathracha, tógfaimid arís iad, agus déanfaimid níos fearr é an chéad uair eile. Tá domhan úrnua á iompar againn, anseo inár gcroí.

Buenaventura Durruti 1896–1936

Meánaicme: *bourgeoisie*

Fothrach: *ruin*

Féarthailte: *prairies*

Is ag goid ó na boicht atáimid mura roinnimid ár maoin leo.

Naomh Eoin Chrysostom 347–407

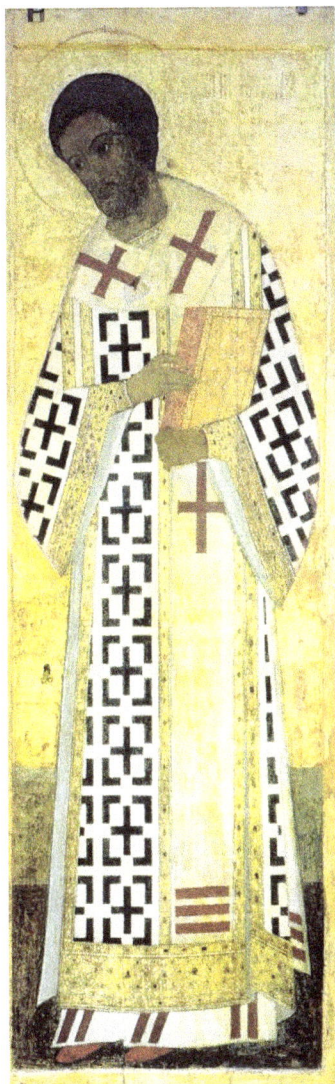

Íocón le Andrei Rublev

E

. . . .

Caithfidh an t-ealaíontóir a bheith ina Ainrialaí.

Kurt Eisner 1867–1919

Is tearc leabhar ainrialaitheach a fhaightear sna leabharlanna poiblí againn. Tá siad chomh tearc sin go bhfuil sé fíordheacair teacht ar an gcuid is suntasaí díobh.

Eisner

Paul Eltzbacher 1869–1928

Ní raibh sé i ndán riamh don Chríostaí a bheith normálta. Achrann beannaithe a bhí riamh uainn, cruthaitheoirí na neamhchinnteachta ab ea sinn riamh, gníomhairí nach bhfuil in ann réiteach leis an status quo; ní ghlacaimid leis an domhan mar atá sé, éilímid go mbeadh an domhan mar is mian le Dia é a bheith. Agus ní hionann Ríocht Dé agus patrúin an domhain seo.

Jacques Ellul 1912–1994

Tearc: *scarce*
Achrann: *aggro*
Éiligh: *demand*

F

Ní gá mórán machnaimh a dhéanamh ar an scéal chun go dtuigfí nach scoil réasúnach í an scoil atá ann do pháistí saibhre. Níl sé ach nádúrtha go mbuanófaí a bpribhléid agus go ndaingneofaí na buntáistí atá acu. Níl ach scolaíocht amháin ann a bhfuil ciall léi, is é sin an saibhir agus an daibhir a theagasc i dteannta a chéile, aicme amháin i dteagmháil le haicme eile i gcomhionannas soineanta na hóige.

Francisco Ferrer 1859–1909

Comhionannas: *equality*

Soineanta: *innocent*

Deir roinnt daoine nach bhféadfadh Ainrialaí a bheith ina shóisialaí, ná sóisialaí a bheith ina Ainrialaí. Níl sé sin ceart. Fealsúnacht ghinearálta is ea fealsúnacht an tsóisialachais a chuimsíonn go leor fo-theagasc. Cuir i gcás, an focal 'Críostaíocht'. Tá Caitlicigh ann, Liútaraigh, Modhaigh, Baistigh, Comhthionólaithe agus scata seicteanna éagsúla eile, agus tugann siad go léir Críostaithe orthu féin. Cé go bhfuil gach Caitliceach ina Chríostaí, ní bheadh sé ceart a rá go ngéilleann gach Críostaí don Chaitliceachas. Shainmhínigh Webster an sóisialachas mar a leanas: 'Cúrsaí sóisialta a eagrú ar bhonn níos rialta, níos cothroime agus níos míne ná mar a bhí i bhfeidhm go dtí seo.' Tá an tAinrialachas ag iarraidh é sin a bhaint amach. Sochaí níos cothroime atá uaidh. Mar sin, is sóisialaí é gach Ainrialaí ach ní gá go mbeadh gach sóisialaí ina Ainrialaí.

Adolph Fischer 1858–1887

Fo-theagasc: *subordinate teaching*

Comhthionólaí: *Congregationalist*

Sainmhínigh: *define*

Cothrom: *equitable*

Elizabeth Gurley Flynn

D'fhéadfadh an t-oibrí síoda nithe áille a dhéanamh, síoda breá lonrach. Nuair a chrochtar é i bhfuinneog Altman nó Macy nó Wanamaker, féachann sé go hálainn. Ach ní bheidh deis ag an oibrí síoda sin go deo oiread is slat amháin de a úsáid. An rud álainn sin a chruthú, in áit pléisiúr a thabhairt don oibrí síoda is crá croí síoraí di é.

Elizabeth Gurley Flynn 1890–1964

Síoda: *silk*

D'fhéadfadh nach mbeimis sách láidir le bheith go hiomlán neamhfhoréigneach inár gcuid smaointe, inár mbriathra is inár ngníomhartha. Ach caithfear an neamhfhoréigean a choinneáil mar sprioc agus dul chun cinn a dhéanamh i dtreo na sprice sin.

Mahatma Gandhi 1869–1948

Neamhfhoréigneach: *non-violent*

Domhan gan dia, gan rí, gan rialtas, gan máistir ar bith.

Luigi Galleani 1861–1931

Gandhi (as an leabhar *Walk with Gandhi: Bóthar na Saoirse* le Gabriel Rosenstock agus Masood Hussain)

Ba cheart go mbeadh an rialtas ag teacht le smaointe agus le claonta an phobail agus is cóir go gceadófaí an pobal faoi struchtúr an rialtais agus a chuid rialachán.

William Godwin 1756–1836

Rialachán: *regulation*

Iarr obair orthu. Mura dtugann siad obair duit, iarr arán orthu. Mura dtugann siad obair ná arán duit, ansin tóg an t-arán uathu.

Emma Goldman 1869–1940

Emma Goldman

Abair gur tharla an réabhlóid a mbíonn tú ag caint agus ag brionglóideach ina taobh, agus go bhfuair tú an tsochaí a bhí uait. Conas a mhairfeá, tusa, go pearsanta, sa tsochaí sin? Tosaigh ag maireachtáil mar sin anois.

Paul Goodman 1911–1972

An réamhthuairim is marfaí atá tar éis dallamullóg a chur ar dhaoine i gcaitheamh na gcéadta ná an Stát, de réir an Ainrialaí.

Daniel Guérin 1904–1988

H

Nuair a bhris cogadh 1914 amach, bhí institiúid an Stáit ar a shlí amach i measc mhuintir Iarthar na hEorpa. Na smaointeoirí, ar a laghad ar bith, níor chreideadar go raibh gá leis níos mó. Na polaiteoirí amháin a chosain é; ach ní raibh oiread is fear poiblí amháin fágtha a raibh muinín ag an bpobal as. Ní ar na fir sin an locht. D'fhéadfadh go rabhadar chomh cliste is chomh maith le státaire ar bith a chuaigh rompu. Ach thugamar polaiteoirí orthu seachas státairí, mar níor chreideamar a thuilleadh sa Stát.

Hippolyte Havel 1871–1950

Státaire: *statesman*

Is é is Ainrialaí ann duine nach bhfuil gá aige le póilín chun go n-iompródh sé é féin mar is ceart.

Ammon Hennacy 1893–1970

Creidimse sa chanablacht éigeantach. Dá mbeadh ar dhaoine an rud a mharaíodar a ithe, bheadh deireadh le cogaí.

Abbie Hoffman 1936–1989

Canablacht: *cannibalism*

Éigeantach: *compulsory*

Tá gach fear maith ina ainrialaí. Éinne atá caoin cneasta cultúrtha; gach duine uasal; gach duine cóir, is Ainrialaí é. Bhí Íosa ina Ainrialaí.

Elbert Hubbard 1856–1915

Elbert Hubbard

J

Fadó fadó, ní raibh prionsaí ná airí ann . . . Ní raibh bóithre ann ná cosáin shléibhe, agus ní raibh droichid ná báid ann a thabharfadh thar an seascann thú. Toisc nárbh fhéidir aibhneacha ná gleanntáin a chur díot, níor tharla cogaí concais idir stáit . . . Ní raibh rian de chíocras chun cumhachta agus chun brabúis fós i gcroí an duine, mar sin níorbh ann don mhíshásamh ná don mhearbhall fós.

Bao Jingyan *c.* 300 AD

Seascann: *swamp*

Concas: *conquest*

Cíocras: *greed*

Mearbhall: *confusion*

D'fhiafraíos de phríosúnach uair amháin cad a chuir i bpríosún é agus dúirt sé liom gur ghoid sé péire bróg. Dúrtsa leis dá mbeadh iarnród goidte aige go mbeadh sé ina Sheanadóir inniu.

Mother Jones 1837–1930

Mother Jones

K

Samhlaigh sochaí a chruthaíonn cúinsí a dhéanann an pobal an-mhíshásta, agus ansin a thugann drugaí dóibh chun an míshásamh sin a mhaolú. Ficsean eolaíochta? Tá sé ag tarlú cheana, go pointe áirithe, sa tsochaí seo againne . . . In áit na cúinsí a chuireann an galar dubhach ar dhaoine a chur ar ceal, tugann an tsochaí nua-aimseartha drugaí frithdhúlagair dóibh.

Theodore Kaczynski 1942–2023

Drugaí frithdhúlagair: *antidepressant drugs*

Tháinig an chuid is fearr dár sibhialtacht slán chugainn anuas ainneoin na hiomaíochta. Is tútach mar a chuirtear obair an domhain i gcrích faoin gcóras iomaíoch. Creach is cur amú an toradh . . . An aidhm ná brabús agus is in áit na leathphingine a bhíonn leas an phobail . . . Tá sé mímhorálta agus neamhéifeachtach mar chóras ós é an aithne atá aige ná, "Déan iomaíocht le do chomharsa." Ní chothaíonn a leithéid de riail an Mhacántacht ná meas ar dhaoine eile . . . Is cuma le hiomaitheoirí faoi leas an duine eile. Go deimhin, is breá leo é nuair a theipeann ar a gcomh-iomaitheoirí mar bheadh buntáiste acu ansin.

Helen Keller 1880–1968

Iomaíocht: *competition*

Tútach: *crude*

Creach: *plunder*

Brabús: *profit*

Aithne: *commandment*

Buntáiste: *advantage*

Helen Keller

Munar féidir fáil réidh le hairgead, ní féidir an uilechumhacht atá ag airgead i réimsí eile a scriosadh. Chun é a rá ar shlí eile, munar féidir deireadh a chur le hairgead mar riachtanas sa saol seo, ní féidir cúrsaí an domhain a fheabhsú ná nádúr an duine ach oiread.

An té nach bhfuil airgead aige ní beo dó. Is mar sin atá an saol faoi láthair. Ach fiú sa tsochaí thruaillithe ina mairimid faoi láthair, ní fhéadfadh éinne a rá go bhfuil sé sin ceart agus cóir. Mairimid ar son nithe eile seachas airgead, nach fior? . . . Ach sa lá atá inniu, nuair atá cumhacht gan teorainn ag airgead, an bhfuil slí ann don fhírinne sa saol seo? An féidir an rud ceart a dhéanamh?

Dá dtarlódh sé lá breá éigin go mbeadh deireadh curtha le hairgead agus an gá a bhí leis curtha ar ceal, nach uasal an saol a bheadh ann. Nach síochánta! Nach sona!

Ceannach agus breabaireacht, a gcuid prionsabal á ndíol ag daoine – d'imeoidís san go léir ar fad. Bheadh laghdú an-mhór, leis, ar dhúnmharú, ar robáil agus ar striapachas.

Shusui Kotoku 1871–1911

Riachtanas: *necessity*

Breabaireacht: *bribery*

Striapachas: *prostitution*

Cothaíonn an t-oideachas go léir, ón óige go dtí an uaigh, an nóisean go bhfuil gá le rialtas agus go mbíonn dea-éifeacht aige orainn. Forbraíodh córais fealsúnachta chun tacú leis an dearcadh sin; is ar an mbonn sin a scríobhtar an stair; scaiptear teoiricí faoin dlí agus múintear iad chun na sprice sin. Tá gach saghas polaitíochta bunaithe ar an bprionsabal céanna, agus is é a deir gach polaiteoir atá ag lorg tacaíochta: 'Tabhair cumhacht rialtais domsa, táimse in ann chuige agus déanfaidh mé do chruachás faoi láthair a mhaolú duit.' Tá an teagasc céanna tríd an gcóras oideachais go léir. Oscail leabhar ar bith a bhaineann le socheolaíocht, stair, dlí nó eitic: siúd romhat an rialtas gach áit agus tá a chuid gníomhartha chomh suntasach sin go nglacaimid leis gurb é an Stát agus na polaiteoirí bun agus barr an scéil.

Pyotr Alexeyevich Kropotkin 1842–1921

Cruachás: *predicament*

Suntasach: *prominent*

Pyotr Alexeyevich Kropotkin

L

Maíonn rialtais agus airm go gcosnaíonn siad an pobal ar naimhde, agus mura mbeadh naimhde ar bith ann bheadh orthu iad a chruthú.

Laurance Labadie 1898–1975

Níl ach an t-aon aidhm ag an Ainrialachas agus is é sin deireadh a chur leis an troid a dhéanann daoine in aghaidh a chéile agus an cine daonna a aontú i dtreo is go mbláthódh an uile dhuine gan bhac.

Gustav Landauer 1870–1919

Creidimid sa tsíor-éabhlóid. Tá a fhios againn mar sin nach bhfuil aon deireadh leis seo. Is leor dúinne a bheith ag treabhadh ar aghaidh i gcónaí, ar an gconair cheart de shíor. D'fhéadfadh an chóip a bheith inár ndiaidh, ag sceamhaíl orainn, agus d'fhéadfadh gur sinne na gealta, na drochdhaoine; d'fhéadfadh an móramh seasamh sa tslí orainn; d'fhéadfadh go mbeadh an t-athdhúchas agus an tsinsearthacht ag iarraidh a ndlíthe dosheachanta féin a chur i bhfeidhm orainn . . . ní cás linn na nithe sin uile.

Albert Libertad 1875–1908

Conair: *path*

Cóip: *rabble*

Sceamhaíl: *barking*

Athdhúchas: *atavism*

Is ainrialaí é an t-ealaíontóir i gcónaí, go háirithe an file.

Federico García Lorca 1898–1936

Institiúid dhaingnithe atá san ord bunaithe nach bhfuil leasú uaidh, agus an té a thabharfadh faoina athrú agus a leasú, féachtar air mar namhaid an oird.

Dyer Lum 1839–1893

M

Is Ainrialaí mé! Dá réir sin, ní rialóidh mé ná ní rialófar mé ach oiread.

John Henry Mackay 1864–1933

I mbailte beaga faoin tuath i Meicsiceo, níor bhraith na daoine go raibh gá acu le rialtas. Go dtí le déanaí, ba le pobal an cheantair iad an talamh, na foraoisí, an t-uisce, na goirt mar chomh-mhaoin. Luaigh an focal 'rialtas' leis na daoine macánta sin agus beidh siad ar bharra creatha mar is ionann rialtas agus básadóir, dar leo; is ionann é agus tíorántacht. Maireann siad go sona agus saoirse acu agus in an-chuid cásanna níl a fhios acu ainm Uachtarán na Poblachta, agus níl a fhios acu a leithéid de rud agus rialtas a bheith ann ach amháin nuair a ghabhann na ceannairí míleata tríd an réigiún agus iad ag iarraidh fir a iompú ina saighdiúirí, nó nuair a thagann an bailitheoir cánach chun cáin a bhailiú.

Ricardo Flores Magó 1874–1922

Básadóir: *executioner*

Bailitheoir cánach: *tax collector*

Ainrialachas – saoirse agus neamhspleáchas cruthaitheach don chine daonna.

Nestor Makhno 1888–1934

Is é is Ainrialaí ann, faoi mar a thuigfeá, ná duine nach mian leis a bheith curtha faoi chois ná go gcuirfeadh sé féin éinne eile faoi chois; a shantaíonn dea-bhail, saoirse agus forbairt do gach éinne. Foinse a chuid smaointe agus a chuid mianta ná comhbhá, grá agus meas ar an gcine daonna.

Errico Malatesta 1853–1932

Santaigh: *desire*

Ná bíodh do shuaimhneas ag brath ar thuairimí daoine eile; más dea-thuairim nó drochthuairim atá acu fút, is tusa tú féin i ndeireadh na dála. Cá bhfuil teacht ar an bhfíorshuaimnhneas agus ar an bhfíorghlóir? Nach i nDia atáid?

Isabella Fyvie Mayo 1843–191

Ní rud aduain dúinne é an tAinrialachas mar chineál eagraíocht shóisialta. Is de dhlúth agus d'inneach an tsaoil againn é mar dhaoine. Thagraíos don chóras comhchoiteann d'eagrú na sochaí a bhí ann agus atá fós i gcodanna éagsúla den Afraic, nuair a mhair daoine laistigh de phobal, ag féachaint orthu féin mar dhlúthpháirt den phobal, rud a chuir go mór le teacht i dtír na bpobal sin mar aonad.

Sam Mbah 1963–2014

Comhchoiteann: *communal*

Dlúth (agus inneach): *fabric; core*

Mhionnaíos tamall an-fhada ó shin go sceithfinn gach rún a chloisfinn. Ná hinis rún dom, ní choinneoidh mé ina rún é. Táim in aghaidh gach rúin, in aghaidh gach céimlathais, in aghaidh gach ginealaigh; is fuath liom duine a ligeann air féin eolas speisialta a bheith aige i láthair duine eile. Thar aon ní eile, is Ainrialaí mé.

Terence McKenna 1946–2000

Sceith: *divulge*

Nuair is líonmhaire iad na daoine ná an mionlach a chuimsíonn an Stát agus a chuid fórsaí leatromacha, cén fáth a ngéilleann siad chomh humhal sin dó?

Albert Meltzer 1920–1996

Leatromach: *oppressive*

Mionlach: *minority*

Chomh fada siar agus is cuimhin liom, an chúis a bhí le m'éirí amach in aghaidh na dtréan ná alltacht a bheith orm faoin droch-íde a tugadh d'ainmhithe. Bhínn ag guí go mbeadh na hainmhithe in ann díoltas a bhaint amach, go mbainfeadh an gadhar plaic as an duine a bhí á bhualadh gan trócaire . . . agus beathú na ngéanna: dhéantaí cos scamallach na gé a thairneáil sa talamh chun nach mbogfadh sí thart.

Louise Michel 1830–1905

Alltacht: *horror*

Droch-íde: *abuse*

Plaic: *bite*

Scamallach: *webbed*

Louise Michel

Is é is primitíbheachas ainrialaitheach ann (ar a dtugtar chomh maith primitíbheachas radacach, primitíbheachas frithúdarásaíoch, an ghluaiseacht fhrithshibhialta, nó díreach, primitíbheachas) ná téarma chun cur síos ar an sruth radacach sin a dhéanann critíc ar an tsibhialtacht trí chéile ó thaobh an Ainrialachais de, agus a thugann faoi chlaochlú cuimsitheach a dhéanamh ar shaol an duine.

John Moore 1957–2002

Claochlú: *transformation*

Primitíbheachas: *primitivism*

Cuimsitheach: *comprehensive*

Frithúdarásaíoch: *anti-authoritarian*

Grá don tsaoirse agus tuiscint do dhínit an duine bunphrionsabail chreidimh an Ainrialaí.

Federica Montseny 1905-199

An rud inmhianaithe é an tAinrialachas? Bhuel, cén duine nach bhfuil Saoirse uaidh? Cén duine, mura bhfógródh sé go bhfuil daoirse uaidh, a déarfadh gur taitneamhach an rud é smacht d'aon sórt? Smaoinigh air!

Johann Most 1846-1906

Creideann an Gearmánach san eolaíocht. Dar leis an nGearmánach, tuigeann agus míníonn an eolaíocht gach aon ní – agus aon ní nach dtuigtear nó nach mínítear, an mheitifisic abair, ní thugtar aon aird uirthi. Mar thoradh air sin, tá an gnáth-Ghearmánach ar easpa pearsantachta; leamh atá sé, cliniciúil agus saoithíneach. *Feidhmíonn* sé, ach níl sé beo. Sin an fáth ar ábhar dea-shaighdiúra é.

Erich Mühsam 1878-1934

Feidhmigh: *function*

Saoithíneach: *pedantic*

Erich Mühsam

N

Ní fhéadfadh fíordhaonnacht a bheith ann, ní fhéadfadh fíor-fhéinmheas a bheith ann, gan muinín a bheith againn asainn féin. Níl éinne in ann cabhrú leat mura gcabhróidh tú leat féin. Ní gheallaimidne go ndéanfaimid rud ar bith duit, nílimid ag lorg aon rud ort, ach achainímid ort comhoibriú linne chun go mbeadh an tsochaí in ann saoirse agus dea-bhail a chur ar fáil do chách.

Chun é sin a dhéanamh go héifeachtach, caithfimid go léir a bheith lán de spiorad na saoirse agus is í an tsaoirse sin – saoirse agus saoirse amháin – bunphrionsabal an Ainrialachais.Tá an tsaoirse fíor-riachtanach má tá an cine daonna chun forbairt cheart a dhéanamh agus is í an tsaoirse an t-aon ní a gheallann a leithéid.

Max Nettlau 1865–1944

Achainigh: *entreat*

Fíorchoimeádaí a bhí ionam i dtosach. Theastaigh uaim go dtiocfadh an Kaiser ar ais; is réabhlóidí anois mé. Táim lándáirire. Má mhairim an céad, b'fhéidir go mbeinn i m'ainrialaí, mar is mian leis an ainrialaí fáil réidh le rialtais.

An tUrr. Martin Niemöller 1892–1984

Níl sochaí ar bith sásta níos mó ná saoirse theoranta a thabhairt domsa agus do bhaill uile na sochaí. Ach nílimse sásta leis an méid sin agus tá níos mó uaim.

Renzo Novatore 1890–1922

Tógaimis cás Shasana – tír a bhfuil 99% den daonra ruaigthe óna bhfód dúchais aici agus seolta isteach sna cathracha, iad á mbrú isteach i monarchana, iallach curtha orthu a bheith ag brath ar chumas na máistir-aicme obair a chur ar fáil dóibh chun freastal ar riachtanais daoine eile.

William C. Owen 1854–1929

Iallach: *obligation*

P

Is beannaithe iad dlíthe an duine agus mura leanfar iad go hómósach níl rath i ndán dúinn –áiféis amach is amach, an tromluí is bómánta agus is coiriúla dá bhfuil ann. Níl mallacht níos mó ann ná reachtanna agus saorfar an domhan nuair a scriosfar iad. Is é atá sa leabhar reachtanna leabhar dlíthe inar féidir le haicme amháin treaspás a dhéanamh ar aicme eile gan bhac. Murach an leabhar sin, ní leomhfadh éinne treaspás a dhéanamh ar chearta duine eile. Baintear úsáid as gach leabhar reachtanna chun dlí nádúrtha éigin a threascairt.

Albert Parsons 1848–1887

Bómánta: *stupid*　　　　　　　Leomh: *dare*

Coiriúil: *criminal*　　　　　　Treascair: *overthrow*

Reacht: *statute*

Níl ach mana do-earráideach do-athraithe amháin ag an Ainrialachas – saoirse. Saoirse chun fírinne ar bith a aimsiú, saoirse chun forbairt a dhéanamh, maireachtáil go nádúrtha agus go hiomlán.

Lucy Parsons 1851–1942

Ón uair gur thosaigh guthanna a oibríonn ar chadhnraí ag craoladh seanóráidí chuig éisteoirí a oibríonn ar chadhnraí, is ag caint leis féin atá an bhrúid. Tar éis dó gach éinne is gach aon ní ar an dtaobh amuigh a shlogadh, is é féin an t-aon fhráma tagartha atá ag an mbrúid.

Fredy Perlman 1934–1985

Lucy Parsons

Is mór iad na maithe is na móruaisle toisc sinne a bheith ar ár nglúine. Éirímis!

Pierre-Joseph Proudhon
1809–1865

Pierre-Joseph Proudhon

R
....

Chun cruthú a dhéanamh is den riachtanas é scrios a dhéanamh chomh maith; is é an file an gníomhaire scriosta sa tsochaí. Is gá go mbeadh an file ina Ainrialaí, agus caithfidh sé a bheith in aghaidh gach coincheap eagraithe faoin Stát, ní hamháin na coincheapa a thagann anuas chugainn ach na coincheapa sin a chuirtear abhaile orainn in ainm na todhchaí chomh maith.

Herbert Read 1893–1968

An capall is an bhó, an coinín is an cat, an fia is an giorra, an piasún is an fhuiseog, is fearr a thaitníonn siad linn mar chairde ná mar fheoil.

Élisée Reclus 1830–1905

Piasún: *pheasant*

Don Lorcánach
An tusa a fheicimse ag dul thar an bhfuinneog, a Lorcánaigh –
is nílir ag breathnú ormsa ná ar éinne,
Is do scáil ag luascadh Soir is Siar?
Is ait liom do shaorshiúl – is tú faoi ghlas gan solas,
Snaidhm iarainn ar do chosa.

Fir is mná gan áireamh i mbun a ngnó mar is gnách,
Suansiúl an tslua
Roimis na meisce móire . . .
Ní fheiceann siad ag gabháil
thar a bhfuinneoga thú, a Lorcánaigh,
Is do shúile chomh fuilteach le luí na gréine
Do scáil lom in aghaidh na spéire . . .
Tú féin is do leithéidse is an saol do d'fháscadh
Ar mhaithe lena bhfíonta buile.

Lola Ridge 1873–1941

Lola Ridge

An Lorcánach: *Big Jim Larkin*   Suansiúl: *sleepwalking*

Snaidhm: *knot*   Fáisc: *crush; squeeze*

Fad is atá an sách is an seang agat sa tsochaí agus iad in aghaidh a chéile go naimhdeach, beidh sé riachtanach stát a bheith ann chun pribhléidí an mhionlaigh atá sách a chosaint.

Rudolf Rocker 1873–1958

Creideann gach Ainrialaí go gcaithfidh an t-oibrí an rogha a dhéanamh, ligean don duine aonair a shocrú dó féin cén obair a dhéanfaidh sé, conas a dhéanfaidh sé an obair sin agus cé a bheidh ag obair ina theannta. Luíonn sé sin go léir le réasún, nuair a chuirtear san áireamh go gcreideann Ainrialaithe nach ceart éinne a bheith umhal do shaoiste.

Donald Rooum 1928–2019

S
. . . .

Cumannaithe ab ea na Meir-Indiaigh. Déarfadh antraipeolaí ar bith leat é. Saibhir ná daibhir ní raibh ina measc. Má bhí duine éigin i ngátar, tháinig an pobal i gcabhair air.

Pete Seeger 1919–2014

San fhichiú haois amháin, d'éirigh le rialtais – trí chogaí, trí chinedhíothú, agus trí imeachtaí marfacha eile – thart ar 200,000,000 duine a mharú, fir, mná is páistí. An mó duine a mharaigh Ainrialaithe sa tréimhse sin?

Butler Shaffer 1935–2019

Cinedhíothú: *genocide*

Ní duine é an t-ealaíontóir ainrialaitheach a chruthóidh pictiúir ainrialaitheacha, ach an té a throidfidh lena indibhidiúlacht go léir in aghaidh gnásanna oifigiúla.

Paul Signac 1863–1935

Gnás: *convention*

Au temps d'harmonie le Paul Signac

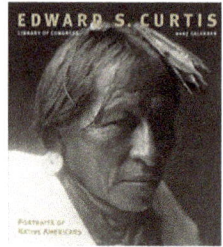

Caithfidh an fhuaim a bheith an-ard chun go gcloisfidh na bodhair í. Nuair a chaitheamar buama, ní raibh ar intinn againn éinne a mharú. Tá Rialtas na Breataine buamáilte againn. Ní mór do na Briotanaigh an India a fhágáil agus í a shaoradh.

Bhagat Singh 1907–1931

Ar nós ropaire, *Do bheo nó do sparán!* arsa an rialtas leis an duine. Is mar sin a íoctar go leor cánacha, nó an chuid is mó díobh, faoi iallach na bagartha sin.

Lysander Spooner 1808–1887

An 'dlí' a thugann an stát ar a chuid foréigin féin, ach 'coir' a thugtar ar fhoréigean an duine aonair.

Max Stirne 1806–1856

Foréigean: *violence*

Coir: *crime*

T

· · · · · · · · · · · · · · · · ·

Is fearr a thaitin ár slí mhaireachtála féin linn. Níor chostas ar bith ar an rialtas sinn. Ní raibh uainn ach síocháin agus go bhfágfaí inár n-aonar sinn.

Thašúŋke Witkó (Crazy Horse) 1840–1887

Claonann mo chuid tuairimí polaitiúla níos mó agus níos mó i dtreo an Ainrialachais.

J. R. R. Tolkien 1892–1973

Tá an ceart ag na hAinrialaithe faoi gach rud ...

Leo Tolstoy 1828–1910

Sa tsochaí éagórach níl ach aon áit amháin ann don duine cóir, an príosún.

Henry David Thoreau 1817–1862

Má tá ceart féinrialaithe ag an duine aonair, is tíoránacht é an rialtas seachtrach. Sin an fáth a gcaithfear an Stát a chur ar ceal.

Benjamin Tucker 1854–1939

Tolstoy le Repin

W

Ní maith liom filíocht Flarf.

Peter Lamborn Wilson 1945–2022

Tar éis dom na hIlluminati agus a gcriticeoirí a iniúchadh le 30 bliain anuas, is dóigh liomsa gur cumann gearrshaolach de shaorsmaointeoirí agus de leasaitheoirí daonlathacha ab ea iad a chuir cumann rúnda ar bun, ag ligean orthu go mba Shaormháisiúin iad chun dul i mbun comhcheilge d'fhonn rithe uile na hEorpa a chur dá gcoróin agus an Pápa a chur as oifig. Tá an-áthas orm go bhfuaireadar réidh leis na ríthe, ach cén fáth sa diabhal nár chríochnaíodar an beart agus fáil réidh le teaghlach Ríoga Shasana chomh maith, ach d'éirigh cuibheasach maith leo ar an mór-roinn. Is trua nach bhfuaireadar réidh leis an bPápa go fóill, ach measaim go bhfuil siad ag obair ar an tionscadal sin i gcónaí agus go n-éirí go geal leo.

Robert Anton Wilson 1932–2007

Gearrshaolach: *shortlived*

Saorsmaointeoir: *freethinker*

Leasaitheoir: *reformer*

Tionscadal: *project*

Buntús Ainrialachais

Míreanna ciorraithe as an *Encyclopédie Anarchiste* (1934).
Chuir breis is 100 Ainrialaí ábhar ar fáil don chiclipéid Fhraincise sin.

Ainrialachas: Modus vivendi nuair a fhaightear réidh le laincisí uile dleathacha agus laincisí an phobail, laincisí atá ag brath ar fhórsa poiblí, ansin ní bheidh de dhualgas ar éinne ach na dualgais sin a leagann a choinsias air. Beidh ar a chumas é féin a thiomnú ansin d'aon ní a thugann inspioráid dó go pearsanta.

Altrúchas: Thar aon rud eile, déanann an t-altrúchas leas an té a chleachtann é. Leithscéal is ea é chun dinnéir a eagrú, gradaim a bhronnadh ar dhaoine agus siamsaíochtaí lofa a eagrú.

Altrúchas: *altruism*
Tiomnaigh: *dedicate*

Bratacha: Ná bí easumhal don bhratach más luachmhar leat do shaoirse, mar má mhaslaíonn tú an cheirt sin beidh tú i do sheasamh os comhair breithimh. Dia is ea an bhratach, ar nós na ndéithe eile go léir, agus caithfear géilleadh di. Seasann sí do na laethanta fuilteacha úd fadó.

Easumhal: *disrespectful*

Náisiún: I measc náisiúin an domhain, faightear an náisiún atá trodach, cumhachtach, sibhialta, nó barbartha, fiáin, rathúil, forbartha i dtéarmaí tráchtála, tionsclaíochta nó feirmeoireachta de; an náisiún saibhir, an náisiún bocht. Mar sin, cruthaítear coimhlint agus iomaíocht eatarthu, comhghuaillíocht agus cogadh – an céasadh is truamhéalaí ar fad a d'fhéadfadh an cine daonna a fhulaingt.

Rathúil: *prosperous*

Póilíneacht: Ba faoin Impire Ágastas a deineadh institiúid ar leith den phóilíneacht. Measadh go raibh gá le póilíní toisc an stát a bheith chomh fairsing sin agus daoine ann nárbh den chreideamh céanna iad. Níorbh fhada go raibh sé ina fhórsa polaitiúil tíoránta. Bhí na *curators urbis* ag obair don *proefectus urbis*, agus cuireadh foghníomhairí ar fud na Róimhe agus na gcúigí agus ba é a ndualgas siúd ná tuairisc a thabhairt ar aon ní a bhí maslach do chumhacht Ágastas. Bhí na póilíní sin ann go dtí ionradh na 'mBarbarach' agus níor thánadadar chun cinn arís go ceann i bhfad ina dhiaidh sin.

Nuair a cheannaigh an mheánaicme an ceart chun na cathracha ina raibh cónaí orthu a riar, ghlac an mheánaicme céimeanna slándála chomh maith chun iad féin agus a gcuid maoine a chosaint. Chuireadar cloigthithe á dtógáil agus buaileadh an t-aláram má chonaiceadar gadaithe bóthair nó meirligh armáilte chucu.

Bhí Faire amuigh ar feadh na hoíche, póilíní armtha ag siúl na sráideanna chun gadaíocht agus dúnmharú a chosc agus deir amhránaithe na linne gur "scanraíodar leannáin". Bhí gardaí ag faire ar gheataí na cathrach, a dúnadh am luí na gréine.

Ionradh: *invasion*

An Stát: Mairimid i stát. Deirtear linn go mbíonn an stát ag freastal orainn. Íocaimid – mar is eol dúinn go rímhaith! – íocaimid cáin leis an stát. Bíonn orainn go léir a bheith ag déileáil leis an stát – bheadh gach éinne againn in ann rud éigin a rá faoi sin! D'fhéadfadh gach éinne againn a rá go bhfuil a fhios againn go maith cad is brí leis an stát.

Mar sin féin, an té a déarfadh gur féidir an stát a shainmhíniú, bheadh breall air.

Theip ar gach iarracht go dtí seo ar an stát a shainmhíniú go soiléir is go cruinn beacht eolaíochtúil.

Tá eolaíocht ann a bhaineann le staidéar a dhéanamh ar an stát, ach ábhar na heolaíochta sin – an stát – níl teacht air.

Níl aon dealramh leis an sainmhíniú ar an stát a fhaightear i bhfoclóirí.

Ní haon ionadh é mar sin go mbíonn ar na speisialtóirí a admháil i ndeireadh na dála nach bhfuil sa stát ach ficsean . . .

Ba chóir do gach éinne an cheist seo a chur air féin: cén fáth a bhfuil iallach ormsa a bheith umhal agus géilleadh d'institiúid ar dócha nach aon ní níos mó ná ficsean é, nach eol dúinn a thús agus gan aon bheirt ar aon fhocal faoina ról stairiúil? Cén fáth a gcaithfidh mé an ficsean seo a aithint agus ómós a thabhairt dó?

Nach bhfuil sé barrúil go bhfuil daoine tar éis glacadh leis an bhficsean seo i gcaitheamh na mblianta, rud nach ann dó a aithint, agus ómós a léiriú dó?

Sea, bheadh sé barrúil ceart go leor – agus an-ghreannmhar – murach, faraor, go bhfuil cor tragóideach sa scéal.

Chosain an ficsean sin, cosnaíonn sé i gcónaí, agus cosnóidh amach anseo an t-uafás fola.

Mar bharr ar gach ní, is as son ficsin eile (Dia! An Eaglais! An Stát! et cetera) a throid an duine agus a throideann i gcónaí. Éalaíonn uaidh gach aon ní nach ficsean é. Tá sé á tharraingt ag taibhsí, á threorú acu agus á shú isteach acu. Nach uafásach an scéal é!)

Agus deirtear gur sinne, na hAinrialaithe, na haislingeoirí, na hútópaigh.

Ní hea in aon chor in aon chor! Iad siúd a chreideann i bhficsin, sin iad na haislingeoirí agus na hútópaigh duit. Is daoine réadúla sinne, scriostóirí taibhsí. Sea i ndomhnach! Sinne na hAinrialaithe – ag seoladh linn ar scamaill, a deirtear – bíonn ár dhá gcos ar an talamh againne.

Mar dhaoine réadúla mar sin, cad atá le rá againn faoin stát? Conas a mhíneofá an chumhacht atá ag an taibhse seo, a thionchar éachtach ar na milliúin a ghéilleann dó?

Tionchar: *influence*

Níl litríocht an Ainrialachais gann ar ábhar faoin stát. Rud intuigthe go maith is ea é sin mar cloch choirnéil an Ainrialachais is ea an stát a shéanadh, streachailt in aghaidh an stáit chomh láidir is a dhéanfaí streachailt in aghaidh an chaipitleachais. Tá domhainphlé déanta ar an bhfadhb seo ag leithéidí Proudhon, Bakunin, Kropotkin, Elysée Reclus, Malatesta, Jean Grave, Sébastien Faure [eagarthóir na ciclipéide], Pouget, Stirner, Rocker [agus údar an ailt seo, Volin] . . .

Ní imeoidh an stát go deo de thairbhe na héabhlóide. Caithfear é féin agus an caipitleachas a chur ar ceal le gníomh borb.

Ní mór troid go géar anois in aghaidh an stáit agus in aghaidh an chaipitleachais, mar is dhá chloigeann an arrachta chéanna iad a chaithfear a theascadh ag an am céanna. Mura maraítear ach ceann amháin díobh, mairfidh an t-arracht agus athshaolófar an ceann a maraíodh.

Cloch choirnéil: *cornerstorne*

Arracht: *monster*

Streachailt idir Aicmí: Is nádúrtha agus is dlisteanach iad na buntáistí atá ag an aicme cheannais, dar léi féin. Féach ar an tsochaí agus tuigfidh tú gur gá an saol náisiúnta, sóisialta agus eacnamaíoch a eagrú. Agus is é an dream meánaicmeach an móreagraí *par excellence* chuige sin. Caithfear í a bhuanú agus caithfidh sí a bheith in ann a cuid feidhmeanna a chur i gcrích, mar is feidhmeanna riachtanacha iad. Caithfidh sí rialú, treoir a thabhairt do dhaoine agus a bheith i gcumhacht. Ní súmairí iad na daoine a bhaineann leis an aicme chaipitleach; *au contraire*, oibríonn siad go dian. Eagraíonn an aicme chapitleach saol na cosmhuintire, cinntíonn sí ord agus dul chun cinn na sochaí go léir, ar gné lárnach den tsochaí sin í féin. Láimhseálann sí caipiteal, bíonn caiteachas i gceist – agus íobairtí fiú amháin. Bíonn riosca i gceist. Ritheann sé le réasún go gcúiteofaí í as a cuid imeachtaí, imeachtaí casta deacra a gcaithfear a bheith freagrach astu; caithfear luach saothair a íoc léi dá bharr, mar is ceart. Mura bhfuil aicmí eile róshásta leo, a chonách san orthu. Easpa tuisceana faoi deara é sin, nó leithleachas, éad, agus déimeagógacht.

Streachailt idir aicmí: *class struggle*

Súmaire: *parasite*

Conách (a chonách sin ort): *tough shit!*

Leithleachas: *selfishness*

Déimeagógacht: *demagogy*

Iarfhocal

Wolfi Landstreicher agus a Chairde

(Aiste leasaithe ón mbliain 2010)

Le tamall de bhlianta anuas tá duine a scríobhann faoin ainm Wolfi Landstreicher ('straeire' nó 'bacach bóthair' an bhrí atá lena shloinne) ag féachaint orainn agus dár ndianscrúdú ar an mbealach seo a leanas. Dúisíonn an clog aláraim thú, róluath mar is gnáth. [Tá leabhrán beag ar fáil dar teideal *The Tyranny of the Clock* le George Woodcock. Léigh é agus feicfidh tú cad is brí le teideal an leabhráin]

Cithfholcadh. Leithreas. (Is é sin mura bhfuil tú chomh hiata sin ar fad ag galair éagsúla na sibhialtachta nach bhfreagraíonn tú do ghlaoch an nádúir a thuilleadh!) Tósta agus ubh, b'fhéidir. Caife . . . ach dóthain ama a bheith agat chuige. Tae glas, ar do shuaimhneas? Ní dóigh liom é.

Amach an doras leat. Brostaigh, in ainm Chroim. Tá Éire ag brath ort!

I ngleic leis na sluaite daoine a bheidh tú gan mhoill. Tá cloigín sa charr, seans, nó uaireadóir ar do lámh, nó ar an bhfón póca. Tá cloig go leor le feiceáil ar feadh na slí, ar halla na cathrach, halla an bhaile, an pub féin. (Ní 'oíche mhaith, codladh sámh' a deir fear an bheáir ach, *Time, gentlemen, please!*).

---

lata: *constipated*

Sodar chun na hoifige. Tranglam. Cén Ghaeilge atá ar 'bumper to bumper?' Srón muice le tóin muice. Anois. Féach ort féin. 'I measc na bplód gan ainm', mar a deir an Direánach, a rugadh 100 bliain ó shin, creid é nó ná creid. Thuig seisean galar na sibhialtachta – ach ar thuig sé an leigheas a bhí air?

Sroicheann tú an láthair oibre, an oifig, an mhonarcha, an siopa. Caidreamh éigeantach agat le daoine eile agus sibh i mbun na dtascanna céanna, a bheag nó a mhór, lá i ndiaidh lae, seachtain i ndiaidh seachtaine, mí i ndiaidh míosa, bliain i ndiaidh a chéile. Aidhm na dtascanna sin go léir ná an patrún thuas (ag tosú leis an gclog aláraim) a bhuanú go dtí aois do phinsin. Agus i bhfaiteadh na súl tá do shaol beagnach thart.

Bhuel, cad eile a dhéanfá? Ní hé go raibh aon rogha agat, an raibh? Fiacail sa mheaisín thú, lúb den slabhra. An cuimhin leat an íomhá iontach sin de Charlie Chaplin agus é istigh sa mheaisín? *Modern Times* (1936). Chonaic seisean ag teacht é. 'Scrios an meaisín,' a deir Landstreicher! 'Bhí an ceart ag Ned Ludd. Scrios an meaisín!'

Toisc nach gcreideann an-chuid daoine ina gcroí istigh sa jab atá acu, is ag tuilleamh airgid a bhíonn siad chun éalú ón jab céanna; caitheann siad a gcuid airgid go fonnmhar chun dearmad a dhéanamh ar an jab: alcól, bréagáin, drugaí, saoire, spórt, teilifís, bialanna, na healaíona, siamsaíocht etc.). Ardú pá? Go diail. Amach linn is ceannaímis stuif nua dúinn féin. Dá mhéad stuif atá againn is ea is fearr. Mura bhfuil stuif agat ní duine ceart in aon chor thú ach saghas púca, nó Don Cíochótae, nó ridire fáin, nó *landstreicher*, nó i do Phádraic Ó Conaire.

Tá méid áirithe i gcoitinne idir ainrialaithe, primitíbhigh agus máistrí spioradálta. Ceistíonn siad go léir ár gcuid nósanna, imlíníonn siad ár ndaoirse dúinn. Más daoirse í. Thabharfadh an-chuid daoine saoirse ar a leithéid agus throidfidís go bás ar a son. Ach samhlaigh gur ag troid ar son a ndaoirse a bhíodar gan fhios dóibh féin. Nach mbeadh sé sin thar a bheith greannmhar? (Más greann dorcha féin é).

Níl a fhios agam cá raibh sé i bhfolach orm go dtí seo ach níor chuala mise trácht ar an bprimitíbheachas ainrialaitheach (*anarcho-primitivism*) go dtí bliain seo ár dTiarna 2010. (Ná luaigh an focal 'tiarna' leosan!) Duine de laochra na gluaiseachta sin ab ea Wolfi Landstreicher. Is breá liom é mar ainm. Fear siúil sa Ghearmáinis. Bacach bóthair. Nuair a smaoiníonn tú air, níl an bacach bóthair rófheiceálach na laethanta seo, an bhfuil? Ní cheadaítear fálróid ar na bealaí móra. Tá ceamaraí amuigh ansin agus is maith a aithníonn siad na ruagairí reatha!

Tá critíc déanta ag Wolfi ar aspail an phrimitíbheachais, daoine ar nós John Zerzan. Taitníonn Wolfi liom mar go bhfuil critíc déanta aige air féin agus ar a chuid aislingí. Níl sé dílis d'aon ní, measaim, ach don fhéinscrúdú. Mar a deir Sócraitéas: saol amú saol gan féinscrúdú! Creideann sé go bhfuil an t-ord sóisialta tar éis an saol a ghoid uainn. Goidimis ar ais é! An-chomhairle!

Tá aithne agam ar Bhleá Cliathach a bhí ar saoire i Meiriceá. Bhí cóisir ar siúl sa tigh áirithe seo. Amach le mo dhuine chun aer úr a fháil dó féin. Bhí buidéal beorach ina ghlac. An chéad rud eile, héileacaptar os a chionn in airde agus guth scanrúil mar a bheadh Dia ag béicíl trí na scamaill air: 'Isteach sa tigh leat láithreach!'

Anois duit! 'The land of the free?' Eachtraí den sórt sin a dhearbhaíonn don ainrialaí go bhfuil rud éigin lofa – agus scanrúil – i gceartlár na sibhialtachta atá cruthaithe againn. (Cuimhnigh gur tugadh ainrialaithe tráth ar dhaoine a bhféachtar inniu orthu mar thírghráthóirí, Ó Donnabháin Rosa agus a chomhghleacaithe cuir i gcás).

Feictear do na primitíbhigh agus do na hainrialaithe go bhfuil an domhan go léir críochdheighilte: fálta agus bacanna gach áit. Bacanna fisiceacha. Bacanna dlí. Bacanna morálta. Bacanna sóisialta. Bacanna míleata. Bacanna. Bacanna. Bacanna. Ná bac le mac an bhacaigh is ní bhacfaidh mac an bhacaigh leat, a deirtear, ach tá goimh cheart ar mhac an bhacaigh ar na saolta seo – agus is iad na bacanna is cúis leis.

Tá rud amháin comónta idir Búdaigh agus ainrialaithe; molann siad araon dúinn a bheith criticiúil ní hamháin faoi thuairimí daoine eile ach faoinár dtuairimí féin. Deir na Búdaigh, 'Má chastar an Búda ar an mbóthar ort, maraigh é!' I bhfocail eile, ná bíodh do bhrath ar bhriathra an Bhúda ná ar éinne eile, bí ag brath ort féin, ar do bhreith féin amháin agus bí dian ort féin. Ina dhiaidh sin is uile, dá thábhachtaí é an réasún agus an réasúnaíocht, ní hiad is tábhachtaí ar fad, a deir na primitíbhigh is na hainrialaithe, agus bheinn ag teacht leo sa mhéid sin. Is féidir an réasún a tharchéimniú; is féidir agus is ceart dul in aghaidh an réasúin más gá.

An bhfuil a fhios agat go bhfuil brí thánaisteach leis an bhfocal 'réasún' sa Ghaeilge? Tá. An púicín a chuirfeá ar chapall. 'Réasún' a thugtar air sin leis. Ar mo leabhar breac!

Critíc ar an tsibhialtacht a dhéanann an tAinrialachas, cosúil go maith leis an gcritíc ar an ábharachas a bhí ar siúl ag na filí Beat i Meiriceá agus iad faoi anáil na máistrí Zen, D.T. Suzuki agus Shunryu Suzuki.

Níl a fhios agam an réiteoinn go maith le Landstreicher dá mbuailfinn leis. Ní thaitníonn filí rómhór leis, seachas filí cearta.

File ceart, dar leis, is ea an duine a bhfuil paisean ann, duine a dteastaíonn uaidh saol iomlán a chaitheamh agus an saol sin a léiriú i ndánta loiscneacha. Caith uaim filí buirgéiseacha, a deir sé. Is maith leis na filí sin a chuireann in aghaidh luachanna na sochaí, daoine ar nós Renzo Novatore (Iodálach) agus Benjamin Péret (Francach).

Aithníonn ciaróg ciaróg eile! Ainrialaí (cad eile) ab ea Novatore (1890-1922). Scór bliain d'aois a bhí sé nuair a chuir sé an séipéal áitiúil trí thine! Feirmeoir bocht ab ea a athair ach ní threabhfadh Novatore gort ar ór ná ar airgead. Ina áit sin, ghoidfeadh sé sicín dó féin. Chun é a ithe? Ní hea ach chun é a dhíol, d'fhonn leabhair a cheannach, leabhair a léifeadh sé san fhoraois i bhfad óna naimhde. Póilíní agus iad gléasta mar shealgairí a mharaigh é sa deireadh. Seo an saghas ruda a tháinig óna pheann:

Dearg é an contráth.
Fuilteach é dul faoi na gréine.
Buaileann an bhuairt a sciatháin

phreabarnacha sa ghaoth.
Sciatháin chródhearga, sciatháin ar dhubhaigh an bás iad.

Agus an fear eile? Péret, ambaist (1899-1959). Ní póilíní i riocht sealgairí a mharaigh eisean ach bás nádúrtha. Sliocht as aiste fhileata ar théama an uisce é seo:

I bhfoirm báistí, déantar péist den uisce agus tollann an chré. Téann na péisteanna sin go domhain sa chré, cruinníonn siad ina meallta gan áireamh i loig nádúrtha agus caitheann seile i bhfoirm peitril . . .

Foghlaimím rud éigin nua gach lá. Níl aon mheas ag Wolfi Landstreicher ar chóipcheart, mar sin chun clabhsúr a chur ar an díolaim seo ligfidh mé do Wolfi, a bhfuil an leabhar seo tiomnaithe dó, ábhar machnaimh a thabhairt dúinn go léir:

Wolfi Ag Caint

"Faightear dlíthe agus rialacha gach áit, cearta agus dualgais, doiciméid, ceadúnais, ceadanna . . . Agus ansin tá cuid againn agus ní mian linn cead a lorg go deo arís."

Dream amháin nach luann Wolfi is ea na pleidhcí sin a déarfaidh leat, 'Fan ar an líne, le do thoil!' agus bíonn ort éisteacht ansin le ceol nach dtaitníonn leat in aon chor. An bhfuil siad ag iarraidh sinn a iompú inár n-ainrialaithe? Dá dtabharfaidís rogha dúinn, ní bheadh sé ródhona. 'Ar mhaith leat éisteacht le Nioclás Tóibín? Nó Sorcha Ní Ghuairim?' An dtabharfadh an banc a leithéid de rogha duit? Nach bhfuil an trealamh teicneolaíochta is sofaisticiúla sa tír acu. Cén fáth nach mbeadh ar a gcumas rogha a thabhairt dúinn?

"Tá foinse na nua-eolaíochta sa 16ú agus sa 17ú haois ag teacht le foinsí an nuachaipitleachais agus leis an gcóras tionsclaíoch araon. Ón gcéad lá riamh, tá an dearcadh atá againn ar chúrsaí an tsaoil agus modhanna na heolaíochta ag teacht go binn leis an ngá atá ag an gcóras sóisialta caipitlíoch le bheith i gceannas ar an nádúr agus ar fhormhór na ndaoine. Rinne Francis Bacon soiléir é: ní iarracht ar an nádúr ann féin a thuiscint atá san eolaíocht ach iarracht chun dul i gceannas air, chun é a lúbadh, i dtreo is go bhfreastalófaí ar chuspóirí an duine – sa chás seo, na ceannairí reatha ar an ord sóisialta. Nuair a thuigtear an méid sin, is den riachtanas é go ndéanfadh duine ar bith a cheisteodh an réaltacht shóisialta inniu anailís shóisialta ar an eolaíocht."

Go dtí gur thosaigh mé ag smaoineamh ar theagasc Wolfi, is beag machnamh a bhí déanta agam ar 'an ord sóisialta'. Is ann dó . . .

"Tharla dhá eachtra shuntasacha idir am na bhfealsúna Gréagacha agus tús na nua-eolaíochta. An chéad eachtra díobh sin ná dul chun cinn reiligiún na Críostaíochta mar fhachtóir ceannasach i smaointeoireacht an Iarthair. Caitheadh amach coincheap na n-ildéithe ar chuid den domhan seo iad sa chruinneshamhail sin, agus ina áit cuireadh dia aonair a bhí lasmuigh den chruinne a chruthaigh sé agus a rialaíonn sé. Anuas air sin, fógraíodh gur cruthaíodh an domhan ar mhaithe leis an neach is ionúin le dia – an duine – a cheansódh agus a rialódh an domhan seo. An dara heachtra shuntasach ná an chéad mheaisín uathoibríoch a cruthaíodh chun ról bríomhar a bheith aige sa saol sóisialta poiblí: an clog. Scéal ann féin é an bhaint iomlán a bhí ag an gclog i bhforbairt an chaipitleachais, go háirithe an fhoirm thionsclaíoch de, ach dírímis ar ghné ar leith de. Rud neamhbheo, a bhí in ann bogadh mar sin féin, as a stuaim féin, ar son an phobail; ba bhonn sothuigthe é sin le coincheap nua den chruinne. I dteannta an chruthaitheora a bhí lasmuigh den chruinne, bhí bonn anois faoi aontacht na cruinne mar oibreacha cloig a chruthaigh mórdhéantóir cloig. I bhfocail eile, cruinne mheicniúil ab ea í dáiríre."

"Tuigimid cén fáth a gceapann eolaithe gur féidir níos mó a fhoghlaim faoin saol sa tsaotharlann agus frog a ghearradh ná suí cois linne agus breathnú ar na froig, na héisc, na muiscítí agus na duilleoga báite ag maireachtáil le chéile. Eolas cainníochtúil atá ón eolaí, eolas matamaiticiúil, eolas praiticiúil – an cineál sin eolais a dhéanann meaisín den domhan, ós meaisín é ar aon nós dar leis an eolaí."

"Ba í an fhisic a bhí chun tosaigh i gcónaí san iarracht chun an mhatamaitic a bheith mar dhlúth is d'inneach na réaltachta. Má táimid chun géilleadh don mhiotas, tar éis don úll Newton a bhualadh ar an gceann, deirtear gur tháinig sé ar na cothromóidí a mhínigh go matamaiticiúil mar a mheallann agus mar a obann nithe a chéile. Ar chúis éigin, moltar dúinn breathnú air mar ghinias seachas mar fhear gnó / eolaí beartach suarach. (Ba scairshealbhóir é i gComhlacht na hIndiacha Thoir, an comhlacht cáiliúil a chuir bonn airgeadais faoi go leor eachtraí impiriúla de chuid na Breataine agus é i gceannas ar Bhanc Shasana ar feadh tamaill). Ach is mar thógán matamaiticiúil de chuid de haigne daonna iad dlí na domhantarraingthe ag Newton, dlí na táimhe ag Galileo, dlíthe na teirmidinimice etc. a leagtar ar an gcruinne, díreach ar nós a dtorthaí teicneolaíochta – córas tionsclaíoch an chaipitleachais – a bheith leagtha mar chruinneshamhail chuíchóirithe ar ghnáthshaol na n-aicmí dúshaothraithe."

* * *

"Ní mór dúinn a bheith inár neach ar leith, neach atá in ann gníomhú ar ár gcomhairle féin, chun ár gcuid mianta agus ár gcuid aislingí féin a shásamh mar is namhaid fíochmhar fíorchumhachtach atá inár gcoinne: an tsibhialtacht seo go léir – an stát, caipiteal, an córas teicneolaíochta . . . Le bheith beo mar reibiliúnach, mar réabhlóidí ainrialaitheach díograiseach, bíonn gá le toil an-láidir, díograis agus misneach nuair atá an bhreis inár n-aghaidh. Mar sin, gné riachtanach den chur chuige réabhlóideach is ea tú féin a chlaochlú i do neach misniúil díograiseach. Ní trí theiripe a tharlóidh an claochlú sin ach trí ionsaí a dhéanamh ar an ord sóisialta, sa saol lasmuigh agus ionainn féin agus trínár gcaidreamh le daoine eile. D'fhéadfadh go mbedh cruálacht neamhghéilliúil riachtanach don obair sin, mar is iomaí slabhra atá le briseadh, is iomaí bac orainn atá le milleadh."

Tá géarghá le smaointeoirí ar nós Wolfi chun sinn a ghríosú. Chuir sé ionadh orm, caithfidh mé a rá, líon na bhfoilseachán a dhiúltaigh – le teann eagla – glacadh le saothar uaim le blianta beaga anuas. Chuir sé ionadh orm chomh maith gur chuir duine de léitheoirí INNTI cóip den iris sin chuig an Stiúrthóir Ionchúiseamh Poiblí agus é ag moladh go gcuirfí i bpríosún mé as diamhasla a dhéanamh.

"An loighic a bhaineann le géilleadh – an loighic atá á leagan ag an ord sóisialta ar an aicme dhúshaothraithe – loighic na héighníomhachta is ea í, géilleadh don bheatha mheasartha atá á tairiscint ag an ord seo. De réir na loighce sin, níl sa saol ach rud éigin a tharlaíonn dúinn, caithfear glacadh leis; táimid cloíte cheana féin, gan streachailt ar bith a dhéanamh, más é sin an dearcadh atá againn. Ach tá cuid againn ar lasadh le fuinneamh a spreagann sinn: tá rud eile uainn, rud éagsúil . . .

Tá réaltacht shóisialta ann. Tá an domhan á mhúchadh aici le tráchtearraí agus le smacht agus táimid inar sclábhaithe ainnise ag an údarás agus ag an margadh."

"D'aithin mná ar nós Emma Goldman agus Voltairine de Cleyre gur in aghaidh shaoirse na mban go háirithe agus in aghaidh daoine i gcoitinne a bhí an mhoráltacht phiúratánach. Ní hionann, áfach, an saorghrá a mholann Ainrialaithe agus an héadónachas gránna a mholann *Playboy* agus dreamanna eile a chuireann saoirse ghnéis thráchtearraithe chun cinn."

"Mairimid i ndomhan a mbaineann ár gcuid oibre, nó malartú tráchtearraí, leis an gcuid is mó dár dteagmhálacha agus dár n-idirghníomhaíochtaí. I bhfocail eile, is ar bhonn eacnamaíoch is mó a bhíonn ár gcaidreamh le daoine eile, bunaithe ar ár dteacht slán sa saol seo. I ndomhan mar sin, ní haon ionadh nach bhfuil mórán tábhachta níos mó le cairdeas."

Spéisiúil. Ní chloistear 'A chara mo chléibh' i mbéal daoine chomh minic is a chloistí fadó é. Seans go bhfuil 'amigo' nó compañero in úsáid níos minice ar fud an domhain ná 'friend' an Bhéarla. Níl ansin ach teoiric, ar ndóigh. Nílim in ann é a chruthú. Nach cuma! An gá gach aon rud a chruthú? Cruthaigh dom gur gá gach aon rud a chruthú!

"Mac le tuathánach ab ea Renzo Novatore nár fhreastail ar scoil ach ar feadh sé mhí. Mar sin féin, dhein sé staidéar ar shaothar le Nietzsche, Stirner,

Hegel, fealsúna ón saol fadó, staraithe agus filí, na scríbhneoirí Ainrialachais go léir agus iad siúd a bhí gafa le gluaiseachtaí ealaíne agus litríochta a linne féin. Ghlac sé pairt ghníomhach i ndíospóireachtaí faoi theoiric agus chur i bhfeidhm an Ainrialachais agus i ndíospóireachtaí na ngluaiseachtaí ealaíne radacacha. Agus é sin go léir i gcomhthéacs dhianchleachtas an éirí amach. Ar an dul céanna, thosaigh Bartolemeo Vanzetti ag obair mar phrintíseach sna luathdhéaga dó, go minic ar feadh uaireanta fada agus deir sé ina dhírbheathaisnéis ghairid go gcaitheadh sé cuid mhaith den oíche agus an fhealsúnacht, an stair, teoiric an radacachais agus mar sin de á léamh aige, d'fhonn breith ar na huirlisí sin a cheil an aicme cheannais air. An tart sin a bhí air chun uirlisí na haigne a láimhseáil a threoraigh chuig dearcadh an Ainrialachais é. Sa 19ú haois in Florida, chuir lucht déanta todóg iallach ar a gcuid saoistí léitheoirí a fhostú chun léamh dóibh le linn a gcuid oibre. Léigh na léitheoirí sin Bakunin agus Marx, chomh maith le teoiricithe radacacha eile, do na hoibrithe agus bheadh plé eatarthu ina dhiaidh sin faoin méid a léadh amach dóibh."

Nár dhiail an smaoineamh é! Ba chóir é a mholadh do cheardchumainn na tíre seo.

"Táim cinnte, má táthar chun dúshlán an oird shóisialta reatha a thabhairt, go réabhlóideach, go gcaithfear dúshlán a thabhairt don fhorbairt intstitiúideach a chruthaigh é le deich míle bliain anuas. Go hachomair, ní mór don chritíc réabhlóideach díriú ar an tsibhialtacht féin. Ach cad is brí leis sin go díreach?

Ar gach taobh den díospóireacht seo faoin tsibhialtacht, i measc ainrialaithe, an t-aon ní seasta atá ann ná an mhíthuiscint, is cosúil. Ní hionadh san. Baineann deacrachtaí leis na coincheapa seo, go háirithe maidir lena gcur i bhfeidhm go praiticiúil sa streachailt shóisialta. Ar mhaithe le soiléire, measaim gur gá cúpla ceist a iniúchadh: Cad is critíc réabhlóideach ann? Cad is sibhialtacht ann? Cad is brí le critíc réabhlóideach ar shibhialtacht i réimse na smaointeoireachta? Cad is brí le critíc réabhlóideach ar shibhialtacht ar leibhéal praiticiúil? Spreagann gach ceist díobh sin na mílte ceisteanna eile, go háirithe má táthar ag iarraidh iad a chur i gcomhthéacs na réabhlóide

. . . Is é is critíc réabhlóideach ann ná an chritíc sin a thugann faoi dhúshlán a thabhairt don tsochaí reatha ó fhréamh, d'fhonn réabadh a chruthú agus claochlú radacach sóisialta a chur i gcrích. Cén bhrí eile a bheadh le 'réabhlóideach'? Baineann go leor impleachtaí leis seo.

Sa chéad áit, rud praiticiúil is ea an chritíc réabhlóideach. Lorgaíonn sí modh chun í féin a chur i bhfeidhm sa saol seo, dúshlán praiticiúil a thabhairt don ord sóisialta reatha. I bhfocail eile, is cuid d'fhíorstreachailt í in aghaidh an domhain mar atá sé."

"Tagann an focal *sibhialtacht (civilization)* ón bhfocal Laidine *civis* a chiallaíonn duine a bhfuil cónaí air sa chathair – fear cathrach / bean chathrach. Modh maireachtála is ea an tsibhialtacht, mar sin, atá bunaithe ar an gcathair – bheith i do chónaí laistigh de limistéir dhlúthphobail, pobal atá deighilte ó na ceantair sin a chothaíonn iad."

Tá an deighilt sin a luann Wolfi ag méadú in Éirinn le cúpla scór bliain anuas.

"Féachaimis ar an domhan seo. Tá sibhialtacht aonair i gceannas air – an stát agus caipiteal. Cuimsíonn nóid an líonra sin ríomhairí, ceamaraí faireachais, cártaí creidmheasa, cartaí aitheantais agus mar sin de. Is cosúil go bhfuil an líonra sin gach áit, ach tá brisphointí aige a fhágann an-leochaileach é agus go leor scoilteanna ann. Toradh amháin ar an leochaileacht sin is ea daoine ag titim trí na scoilteanna sin agus gan aon áit acu sa tsochaí seo. Scuabtar i dtreo na bochtaineachta, na hinimirce, agus na neamhdhleathachta iad, nó fágtar gan dídean iad; is beag atá le cailliúint ag na 'scabhaitéirí' seo – má tá aon ní in aon chor le cailliúint acu – má ghníomhaíonn siad in aghaidh na sochaí. Is iad na nua-bharbaraigh iad laistigh de mheaisín ollmhór báis na sibhialtachta. Is priaclach an saol atá acusan, leis, nach dtiteann trí na scoilteanna. Dá n-aithneoidís a raibh comónta idir iad agus an dream a thit trí na scoilteanna, ba thubaiste don aicme cheannais é."

"Ní bheimid in ann na meáin a mhealladh go deo ná cothrom na Féinne a fháil uathu. Bheadh sé áiféiseach labhairt leo ar a gcomhairle san, a gcuid rialacha morálta a úsáid mar threoirlínte agus a bprótacal a leanúint agus sinn ag labhairt leo. An tslí is fearr chun labhairt leis na meáin (faoi chúrsaí Ainrialachais) ná aithris a dhéanamh ar thriúr ainrialaithe Iodálacha – Arturo, Luca agus Drew – a dhein iriseoir a bhascadh tar éis dó cur isteach ar shochraid a gcompánaigh."

Na meáin, na meáin, na meáin! A Mhaighdean Bheannaithe! Na meáin . . .

"Is ionann a bhfuil déanta don bheatha ag an ngéineolaíocht agus a bhfuil déanta ag an bhfisic adamhach agus fo-adamhach don chruinne – í a bhriseadh síos ina sonraí, ina bpíosaí eolais inmhalartaithe . . . Ní smaoinítear ar an duine a thuilleadh mar cholainn, mar aigne, ná ar ár gcuid mianta agus ár gcaidreamh mar dhamhsa uathúil sa saol seo, ach mar shraith de bhith-phíosaí inmhalartaithe a dtig le saineolaithe a athrú trína n-ionramháil."

"Toisc an t-ord sóisialta reatha a bheith chomh hollmhór is atá agus de dheasca anaithnideacht na gcóras maorlathais agus teicneolaíochta trína gcloíonn sé lena chumhacht, ba dhóigh leat gur rud dosheachanta é, córas réamhshocraithe agus gan de rogha againn ach ár ról féin a imirt ann. Aidhm an stáit agus na haicme atá i gceannas orainn ná smacht a bheith acu ar an uile ní agus nuair a fhéachtar ar chroí na harrachta ba dhóigh leat, go deimhin, go raibh an aidhm sin bainte amach acu. Nach mbíonn brú orainn ó lá go lá a bheith gafa le himeachtaí agus le caidrimh nach dár rogha féin iad?"

"Thuigfeá do dhuine ar nós Daniel Quinn a deir, 'Imigh agus fág i do dhiaidh é' ach ní réiteach é sin in aghaidh an chórais a bhfuil síorleathnú uaidh. Má b'éigean do phobal sléibhe Phapua Thiar troid in aghaidh an oird shibhialta a bhí tar éis cur isteach orthu, ní fhéadfaimisne atá i gceartlár na sibhialtachta sin teitheadh uaidh."

Is léir go bhfuil Quinn tar éis dul i bhfeidhm ar Wolfi ar go leor slite. Bhí Quinn le bheith ina mhanach (agus Thomas Merton mar anamchara aige) ach d'éirigh sé as. D'éirigh sé as an gCaitliceachas chomh maith.

"Ní cogadh amháin is brí le míleatachas. Is ordlathas sóisialta é de dhaoine a thugann orduithe agus a ghlacann le horduithe. Is umhlaíocht, tiarnas agus géilleadh é. Bheith in ann breathnú ar dhaoine eile i dtéarmaí teibí de, uimhreacha, sin uile, comhaireamh na marbh."

Sách ráite.

"Níl sé mar aidhm againn frithinstitiúidí a chruthú chun áit an stáit agus an chaipitil a ghlacadh ach deireadh a chur leis an staid reatha ar fud an domhain ina gcinntíonn mionlach conas a mhaireann gach éinne eile, i dtreo is go mbeadh gach duine saor chun saol a chruthú ar a chomhairle féin lena rogha páirtnéirí. Mar sin, ní streachailt pholaitiúil atá ar siúl againn; nílimid ag iarraidh clár polaitiúil a chur i bhfeidhm – streachailt shóisialta atá ar bun againn. Mar ghluaiseacht atá in aghaidh gach ordlathais agus ceannaireachta, is cuí nach mbeadh samhlacha againn le haghaidh sochaí iar-réabhlóide. Go deimhin, b'fhearr nach mbeadh "tar éis na réabhlóide" ar bith ann ach teannas leanúnach d'fhéidearthachtaí . . . nach 'dtéachtfadh' ina institiúid(í), ach a mbeadh cruthú mianta ina lár agus réimsí spéiseanna; tionscadail agus paisin a bheadh bunaithe ar dhiúltú don tiarnas."

Is minic an rud céanna á rá ag Wolfi arís is arís eile ach níl aon locht agam air sin mar caithfear a mheabhrú dúinn féin go bhfuil glactha ag an gcuid is mó againn leis an ordlathas, gan cheist nach mór. Uaireanta bímidne in Éirinn ag magadh faoin ordlathas thall i sean-Sasana, i measc na dTóraithe; teipeann orainn é a aithint níos cóngaraí don bhaile, áfach.

"Chloisfeá cuibheasach minic inniu, fiú i gciorcail ainrialaitheacha, cur síos ar an stát mar shearbhónta na gcorparáidí ilnáisiúnta, an

IMF, an Banc Domhanda agus institiúidí airgeadais idirnáisiúnta nach iad. Thuigfeá ón dearcadh sin, nach leis an stát féin a chuid cumhachta ach díreach é ina chomhordaitheoir ar institiúidí an oird shóisialta trína gcloíonn ceannairí na gcorparáidí eacnamaíocha lena gcumhacht. D'fhéadfaí tátail a bhaint as sin a dhéanfadh dochar do thionscadal réabhlóideach ainrialaitheach a fhorbairt . . .

Is sa mhonaplacht dhleathach institiúideach ar an bhforéigean atá cumhacht an stáit. Tugann sé sin cumhacht dhoshéanta don stát ar a mbíonn institiúidí domhanda eacnamaíocha ag brath. Ní hamháin go mbíonn guth ag toscairí ó na mórchumhachtaí stáit ag institiúidí ar nós an IMF agus an Banc Domhanda nuair a bhíonn cinneadh á dhéanamh acu; bíonn siad ag brath chomh maith ar fhórsa míleata na stát is cumhachtaí ar domhan chun a gcuid polasaithe a chur i bhfeidhm, bagairt an fhoréigin fhisiciúil a chaithfidh seasamh laistiar den tsracaireacht chun go n-éireodh léi. Agus fíorchumhacht an fhoréigin ar fáil dóibh, ní díreach ina searbhóntaí ag na hinstitiúidí eacnamaíocha domhanda a bheidh na mórstáit. Ina áit sin, beidh siad ag teacht leis an gcóras caipitlíoch agus is é a bheidh mar bhonn lena gcaidreamh ná comhshracaireacht ar mhaithe leis an aicme cheannais go léir.

Anuas ar an monaplacht ar fhoréigean, rialaíonn an stát chomh maith go leor de na líonraí agus na hinstitiúidí a bhaineann le tráchtáil agus táirgíocht. Córas na mbóithre is na n-iarnród, calafoirt, aerfoirt, córas na satailití agus na snáthoptaice agus gach a mbaineann le cumarsáid agus líonraí faisnéise, is gnách go mbíonn an stát laistiar díobh agus iad faoi smacht an stáit. Is gnách gur faoi ollscoileanna nó an t-arm, atá faoi cheannas an stáit, a dhéantar an taighde eolaíochta agus teicneolaíochta sin is gá le haghaidh forbairtí nua atá le táirgeadh."

Monoplacht ar fhoréigean. Is frása maith é sin.

"Ar leibhéal an-bhunúsach, is é is sochaí aicmeach ann ná sochaí a bhfuil daoine ann atá ag rialú daoine eile agus daoine atá á rialú acusan, iadsan a dhéanann dúshaothrú ar dhaoine eile agus iad siúd a ndéantar dúshaothrú orthu. Ní fhéadfadh ord sóisialta mar é a bheith ann ach amháin nuair a chailleann daoine a gcumas chun cúinsí na beatha a chinntiú dóibh féin. An cháilíocht is mó atá comónta i measc na ndaoine a ndéantar dúshaothrú orthu ná iad a bheith díshealbhaithe, gan ar a gcumas bunchinneadh a dhéanamh is a chur i gcrích faoin tslí a gcaithfidh siad a saol."

Sea, a Wolfi liom, nuair a chuireann tú mar sin é, is priaclach an cás ina bhfuilimid. Nach ea?

"Ní i bhfolús a fhorbraítear an teicneolaíocht, neamhspleách ar chaidrimh shóisialta an oird ina bhforbraítear í. Táirge comhthéacs í an teicneolaíocht, agus ní féidir nach léireofaí an comhthéacs sin. Mar sin, nuair a fhógraítear go bhfuil an teicneolaíocht neodrach, níl aon bhunus lena leithéid. Ní fhéadfadh sí a bheith níos neodraí ná na córais eile a forbraíodh chun an t-ord sóisialta reatha a bhuanú – an rialtas, malartú tráchtearraí, pósadh agus an teaghlach, maoin phríobháideach."

"Níl aon chultúr dá chuid féin ag an gcaipitleachas, ar an mbonn go bhfuil gá ag cultúr le so-athraitheacht agus caidrimh bheo. Nuair a ghlacann an caipitleachas seilbh ar chultúr, maraíonn sé é mar aonán beo mar nach bhfuil aon ní beo aige le tabhairt ar ais dó (ná spéis aige ina leithéid)."

Tá ábhar machnaimh tugtha agat dúinn!

Mar fhocal scoir, má aontaíonn tú le ráitis Wolfi, tá siad saor ó chóipcheart. Bain úsáid chruthaitheach astu – póstaeir, graifítí, greamacháin, t-léinte, craoladh nó craobhscaoileadh de shaghas ar bith, le go spreagfaí daoine chun a thuilleadh machnaimh a dhéanamh ar na slabhraí sofheicthe agus dofheicthe a cheanglaíonn an uile dhuine againn. Bain úsáid as sliocht ar bith a thaitníonn leat sa díolaim seo.

Agus cuimhnigh, is Ainrialaí ó dhúchas í/ é gach páiste. Níor rugadh iad chun go mbeadh laincis i ndiaidh laincise orthu. Tá síol na Saoirse iontu. Tá dúil sa tSaoirse ionainn go léir. *Die Gedanken sind frei*, is saor iad na smaointe. Nach fíor?

Tá ábhar saor in aisce d'aoisghrúpaí éagsúla ar fáil don aos óg. Tá ábhar dátheangach ar fáil agus ábhar i nGaeilge amháin. Is tríd an mBéarla is mó a chuireann an t-ord sóisialta é féin in iúl. Ná déanaimis aithris orthu san. Cruthaímis agus cothaímis saormhachnamh spraíúil trí mheán na Gaeilge.

An tuiscint a bhainimse as fealsúnacht Wolfi ná gur gá dúinn an páiste a aimsiú ionainn féin arís, an páiste a dhein iontas d'áilleacht an tsaoil, tráth, an páiste a bhí in ann gáire a dhéanamh, an páiste a chreid sa ghrá agus sa ghníomh spontáineach.

Gan fhios dom féin, ba é spiorad na Saoirse agus spiorad an Ainrialachais a spreag mé nuair a chuireas peann le pár an chéad lá agus nuair a thonaíos ag cur véarsaí agus ábhar eile ar fáil don aos óg. Tá go leor den ábhar sin ar fáil saor in aisce:

Orang-utan: Haiku set to images for older children – Free Kids Books

Rogha Gabriel: dánta do pháistí (roghaghabriel.blogspot.com)

Stór Scéalta | *Léigh Leat*

Dánta Gabriel | *Léigh Leat*

Walk with Gandhi – Free Kids Books

San Fhoclóir thíos, ní thugtar míniú ar fhocail ar nós *teirmidinimic* más léir a mbrí óna gcosúlacht leis an mBéarla.

Foclóir

Achainigh: *entreat*

Achrann: *aggro*

Aicme cheannais: *ruling class*

Aindiachaí: *atheist*

Ainnise: *misery*

Ainrialaí: *anarchist*

Aithne: *commandment*

Alltacht: *horror*

Altrúchas: *altruism*

Anaithnideacht: *facelessness*

Aonán: *entity*

Arm seasta: *standing army*

Arracht: *monster*

Athdhúchas: *atavism*

Bailitheoir cánach: *tax collector*

Balsam: *balm*

Ballóid: *ballot*

Básadóir: *executioner*

Basc: *bash*

Beartach: *calculating*

Boilgeog: *bubble*

Bómánta: *stupid*

Borradh: *spurt of growth*

Brabús: *profit*

Breabaireacht: *bribery*

Breis: *odds*

Brúidiúlacht: *brutality*

Buntáiste: *advantage*

Cainníochtúil: *quantitative*

Canablacht: *cannibalism*

Ceithearnach: *pawn*

Cinedhíothú: *genocide*

Cinniúint: *fate*

Cíocras: *greed*

Clabaire cruthanta: *incorrigible blabbermouth*

Claochlú: *transformation*

Claonbhreith: *prejudice*

Cloch choirnéil: *cornerstorne*

Cloígh: *overcome*

Coincheap: *concept*

Cóip: *rabble*

Coir: *crime*

Coiriúil: *criminal*

Comhbhá: *compassion*

Comhéigean: *coercion*

Comhchoiteann: *communal*

Comhionannas: *equality*

Comhshamhlú: *identification*

Comhshracaireacht: *mutual extortion*

Comhthionólaí: *Congregationalist*

Cónach (a chonách sin ort): *tough shit!*

Conair: *path*

Concas: *conquest*

Cothrom: *equitable*

Cothromóid: *equation*
Creach: *plunder*
Cruachás: *predicament*
Cruinneshamhail chuíchóirithe: *rationalized worldview*
Cruthaitheach: *creative*
Cuilithíní: *ripples*
Cuimsitheach: *comprehensive*
Cúinsí: *conditions*
Cuspóir: *purpose*
Daor: *slave*
Dea-ghníomhartha: *good deeds*
Déimeagógacht: *demagogy*
Díolamóir: *anthologist*
Dírbheathaisnéis: *autobiography*
Díshealbhaigh: *dispossess*
Dlúth (agus inneach): *fabric; core*
Dlúthpháirtíocht: *solidarity*
Dlúthphobal: *concentrated population*
Do-aisiompaithe: *irreversible*
Dosheachanta: *inevitable*
Domhantarraingt: *gravity*
Droch-íde: *abuse*
Drugaí frithdhúlagair: *antidepressant drugs*
Dúshlán: *challenge*
Dúshaothraigh: *exploit*
Eabhar: *ivory*
Easumhal: *disrespectful*
Éigeantach: *compulsory*
Éighníomhaíocht: *passivity*

Eite: *wing*
Éiligh: *demand*
Éirim aigne: *intelligence*
Faireachas: *survellance*
Fáisc: *crush; squeeze*
Fálróid: *sauntering*
Féarthailte: *prairies*
Feidhmeannach: *executive*
Feidhmigh: *function*
Foilmhe: *emptiness*
Folús: *vacuum*
Foréigean: *violence*
Fo-theagasc: *subordinate teaching*
Fothrach: *ruin*
Frithúdarásaíoch: *anti-authoritarian*
Gaois: *wisdom*
Gátar: *need; distress*
Gearrshaolach: *shortlived*
Géilleadh: *submission*
Gnás: *convention*
Iallach: *obligation*
Iata: *constipated*
Idirghabhálaí: *intermediary*
Inmhalartaithe: interchangeable
Inmhianaithe: *desirable*
Iniúch: examine
Iomaíocht: *competition*
Ionradh: *invasion*
Ionsaitheacht: *aggression*

Ionsaitheach-Chosantach: *aggressive-defensive*
Ionúin: *beloved*
Laincis: *fetter*
Leas sóisialta: *social welfare*
Leasaitheoir: *reformer*
Leatromach: *oppressive*
Leithleachas: *selfishness*
Leomh: *dare*
Líonra: *network*
Loighic: *logic*
Lorcánach (An): *Big Jim Larkin*
Luath-Ainrialaithe: *early Anarchists*
Machnamh: *meditation*
Maidneachan: *dawn*
Maise: *adornment*
Maoin: *property*
Maorlathas: *bureaucracy*
Meánaicme: *bourgeoisie*
Meanmnach: *spirited*
Mearbhall: *confusion*
Measartha: *mediocre*
Meirg: *rust*
Mílítheach: *pale*
Mionlach: *minority*
Múnlaigh: *mould*
Neach: *being*
Neamhfhoréigneach: *non-violent*
Ob: *repel*
Ordlathas: *hierarchy*

Oilithreach: *pilgrim*
Páirt-díomhaointeas: *partial idleness*
Piasún: *pheasant*
Plaic: *bite*
Priaclach: *precarious*
Primitíbheachas: *primitivism*
Rathúil: *prosperous*
Reacht: *statute*
Reachtóir: *lawmaker*
Réaltacht: *reality*
Rialachán: *regulation*
Riarthóir: *administrator*
Ruagaire reatha: *vagabond*
Sách: *full-bellied*
Saol na bhfuíoll: *the life of Riley*
Saorsmaointeoir: *freethinker*
Seang: *empty-bellied*
Searbhónta: *servant*
Sainmhínigh: *define*
Saint: *greed*
Santaigh: *desire*
Saoithíneach: *pedantic*
Saothraí pá: *wage-earner*
Scairshealbhóir: *shareholder*
Scamallach: *webbed*
Sceamhaíl: *barking*
Sceith: *divulge*
Sclábhaí: *slave*
Sclábhaíocht airnéise: *chattel slavery*

Saoiste: *boss*
Seachmall: *illusion*
Seascann: *swamp*
Seirfeach: *serf*
Síoda: *silk*
Snaidhm: *knot*
Snáthoptaic: *fibre optics*
So-athraitheacht: *fluidity*
Sochaí: society
Socheolaíocht: *sociology*
Soineanta: *innocent*
Sracaireacht: *extortion*
Státaire: *statesman*
Streachailt: *struggling; struggle*
Streachailt idir aicmí: *class struggle*
Suansiúl: *sleepwalking*
Suarach: *petty-minded*
Suntasach: *prominent*
Súmaire: *parasite*
Táimhe: *inerti*
Táirge: *product*
Tánaisteach: *secondary*
Tarchéimnitheach: *transcendent*
Tarraingteach: *attractive*
Tátal: *conclusion*
Tearc: *scarce*
Teoiric chórasach: *systematic theory*
Teoiricí: *theorist*
Tiomnaigh: *dedicate*

Tionchar: *influence*
Tionscadal: *project*
Tíoránacht: *tyranny*
Tógán: *construct*
Toscaire: *delegate*
Tráchtearra: *commodity*
Tráchtearraigh: *commodify*
Tranglam (tráchta): *traffic jam*
Tréad: *herd*
Treascair: *overthrow*
Tuata: *lay*
Tuathánach: *peasant*
Tútach: *crude*
Uaibhreach: *haughty*
Uathoibríoch: *automatic*
Uireasa: *want*

Bratach Dhubh

B'fhearr gan bratach a bheith ann in aon chor
bratach ar bith
ach más gá bratach a bheith againn
bíodh sí dubh
chomh dubh le hairne
chomh dubh le súiche
chomh dubh le pic
chomh dubh le gual
chomh dubh le bonn mo bhróige
chomh dubh le dubh m'ingne
chomh dubh le poll an phúca
bratach dhubh an Ainrialachais!
Go hIfreann le bhur ndathanna
dearg uaine oráiste
gorm buí et cetera
agus iad i ngleic lena chéile!
A bhratacha uile na cruinne
ná bígí ar foluain níos mó
bígí suanmhar faoi bhrat dubh na hoíche
suanmhar sámh síochánta
chomh dubh leis an bpantar dubh
chomh dubh le '47 an Bhróin
chomh dubh le breallach dubh
chomh dubh leis an gcailleach dhubh
chomh dubh leis an gcaróg dhubh
chomh dubh le silín dubh
chomh dubh le diamant dubh
chomh dubh le tiúilip dhubh
chomh dubh le habhac dubh
chomh dubh le dúpholl

chomh dubh leis an mbeach dhubh
chomh dubh le cuán mara dubh
chomh dubh leis an gciaróg dhubh
chomh dubh le Róisín Dubh
chomh dubh le Dubhlinn
chomh dubh le dair dhubh
chomh dubh leis an ealaín dhubh
chomh dubh le dubh na bprátaí
chomh dubh leis an deargadaol
bratach dhubh an Ainrialachais!

Airne: sloe
Breallach: *clam*
Cailleach dhubh: *cormorant*
Deargadaol: *devil's coach horse*

Ábhar Gaolmhar (Leabhair Dhátheangacha)

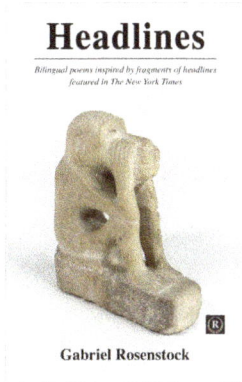

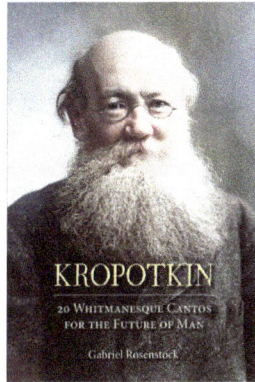

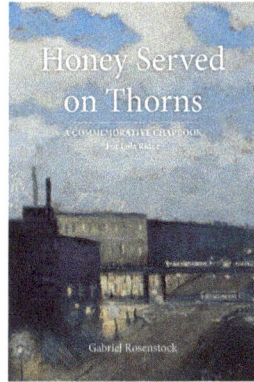

Headlines

Bilingual poems inspired by fragments of headlines
featured in The New York Times

[R]

Gabriel Rosenstock

KROPOTKIN

20 WHITMANESQUE CANTOS
FOR THE FUTURE OF MAN

Gabriel Rosenstock

Honey Served on Thorns

A COMMEMORATIVE CHAPBOOK
For Lula Ria

Gabriel Rosenstock

www.ingramcontent.com/pod-product-compliance
Lightning Source LLC
Chambersburg PA
CBHW051248020426

42333CB00025B/3104